Sammlung Außerdeutscher Strafgesetzbücher in deutscher Übersetzung

Herausgegeben von

Professor Dr. Hans-Heinrich Jescheck,
Direktor des Instituts für ausländisches und internationales Strafrecht an der Universität Freiburg i. Br.

und Professor Dr. Gerhard Kielwein, Saarbrücken

LXXIV.

Die Ungarische Strafprozeßordnung
(A Magyar Büntetö Perrendtartás)

Berlin 1958

Walter de Gruyter & Co.

vormals G. J. Göschen'sche Verlagshandlung · J. Guttentag, Verlagsbuchhandlung · Georg Reimer · Karl J. Trübner · Veit & Comp.

Die Ungarische Strafprozeßordnung

III. Gesetz vom Jahre 1951

durch Gesetz V vom Jahre 1954 modifizierter und in einheitliche Fassung gebrachter Text

Übersetzt und mit einer Einleitung versehen

von

Dr. Erich Heller

em. Professor der Petrus-Pázmány-Universität in Budapest

Gedruckt mit Unterstützung der Gesellschaft für Rechtsvergleichung

Berlin 1958

Walter de Gruyter & Co.

vormals G. J. Göschen'sche Verlagshandlung · J. Guttentag, Verlagsbuchhandlung · Georg Reimer · Karl J. Trübner · Veit & Comp.

Archiv-Nr. 24 63 57 / 74
Satz und Druck: Thormann & Goetsch · Berlin-Neukölln

Inhaltsverzeichnis

Abkürzungen

StGBA. II. Gesetz vom Jahre 1950 über den Allgemeinen Teil des Strafgesetzbuchs.

StPO. III. Gesetz vom Jahre 1951 über die Strafprozeßordnung.

StPON. V. Gesetz vom Jahre 1954 (Strafprozeßordnungsnovelle).

Einleitung

Das Gesetz III vom Jahre 1951 über die Strafprozeßordnung ist das Produkt der politischen und — was von einer noch größeren Bedeutung ist — der weltanschaulichen Wendung, die sich in Ungarn nach dem zweiten Weltkrieg ereignet hat und zur Umgestaltung des ungarischen Staates zur „Volksrepublik" geführt hat. Es nahm die Stelle des Gesetzartikels XXXIII vom Jahre 1896 ein, der in der Blütezeit des liberalistisch gesinnten Ungarns entstanden war.

Der Gesetzestext, den die vorliegende Übersetzung darbietet, ist nicht der ursprüngliche Text des Gesetzes III vom Jahre 1951. Das Gesetz V aus dem Jahre 1954 über die Modifizierung der Strafprozeßordnung (Strafprozeßordnungsnovelle) hat nämlich das Gesetz III vom Jahre 1951 abgeändert und ergänzt und den Urtext des Strafprozeßordnungsgesetzes in einen einheitlichen Aufbau zusammengefaßt. Diese neue einheitliche Fassung ist in dem vorliegenden Buch enthalten. Darin finden sich die abgeänderten Gesetzesparagraphen in der von der Novelle umgeänderten Form, während die Ergänzungen — wie dies in neueren novellistischen Gesetzen allgemein üblich ist — durch Buchstaben, die den beibehaltenen Paragraphennummern beigefügt sind, in den Gesetzestext eingearbeitet wurden. Mit diesen neu gefaßten Bestimmungen sowie den Zusatzparagraphen erschöpft sich der Text der Novelle.

Es bedarf kaum einer näheren Erörterung, daß es nach dem staatsrechtlichen Umschwung vor allem die Strafgesetzgebung war, welche eine der neuen Weltanschauung entsprechende Umgestaltung erforderte. Selbstverständlich mußte die Neukodifizierung des materiellen Strafrechts der Reformierung des Strafprozesses vorangehen, da ja die moralfreie Auffassung der strafbaren Handlungen, sowie ihre Behandlung als Gemeingefährlichkeiten und die Auffassung der strafrechtlichen Maßnahmen als Folgen derselben der Grundzug der materialistischen Lehre ist. Schon diese Veränderung in den strafrechtlichen Grundlagen, die sich äußerlich in der Veränderung der Ausdrucksweise geltend macht, erklärt die Notwendigkeit, eine neue Strafprozeßordnung zu schaffen.

Doch abgesehen von diesem inneren Zusammenhang zwischen Strafrecht und Strafprozeß konnte die bis dahin geltende Strafprozeßordnung deshalb nicht beibehalten werden, weil die öffentliche Meinung der Volksrepublik eine Strafprozeßordnung forderte, in welcher die Ideen der Demokratie zur vollen Geltung gelangen. Als erste Forderung dieser demokratischen Ideen muß die demokratische Ausgestaltung des Gerichtswesens genannt werden, dessen Grundzüge zum besseren Verständnis der Strafprozeßordnung hier dargelegt werden sollen.

Die Gerichtsverfassung der ungarischen Volksrepublik beruht auf dem ganzen Gebiete des Gerichtswesens, also auch auf demjenigen der Strafgerichtsbarkeit, auf der ausnahmslosen Beteiligung des Laienelementes. Die Teilnahme der Laien war in Strafsachen auch der nunmehr der Vergangenheit angehörenden ungarischen Strafprozeßordnung nicht fremd, doch beschränkte sie sich auf die Aburteilung der schweren Verbrechen und der Pressedelikte und hat in der Form der Schwurgerichte in die ungarische Gesetzgebung Eingang gefunden. Da die nunmehr herrschende Staatsauffassung in den Berufsrichtern die Stützen einer Klassenjustiz sah, konnte sie sich mit der bloß begrenzten Teilnahme des Volkes an der Strafjustiz nicht abfinden und auch darin keine befriedigende Lösung erblicken, daß die das Volk vertretenden Laien und das Kollegium der Berufsrichter in der Rechtsprechung — auf die Weise wie im Schwurgericht — voneinander getrennt tätig sind und damit dem Wort der Berufsrichter bei der Urteilsfällung ein größeres Gewicht beigemessen wird. Dem demokratischen Geist der Volksrepublik konnte nur eine Strafjustiz entsprechen, bei welcher die aus der Mitte des Volkes gewählten, die Interessen und Empfindungen des Volkes vertretenden Laienrichter — wohl unter dem Vorsitz eines Berufsrichters — die richterliche Macht voll und ganz ausüben. Dementsprechend urteilen nun sämtliche ungarischen Gerichte erster Instanz als Kollegialgerichte, die unter dem Vorsitz eines Berufsrichters mit Volksrichtern besetzt sind.

Unter dem Einfluß des neuen Geistes wurde auch der in einer tausendjährigen Entwicklung aufgeführte Bau des ungarischen Gerichtswesens bis auf den Grund abgerissen und durch ein neues, den Ideen der Volksrepublik entsprechendes Gerichtssystem ersetzt. Dies geschah durch das Gesetz II vom Jahre 1951, das die nunmehr geltende Gerichtsverfassung regelt. Der grundlegende Unterschied zwischen dem herkömmlichen und dem neuen System besteht darin, daß das erstere einen dreiinstanzlichen, das letztere aber einen zweiinstanzlichen Aufbau hat.

Die Betonung des demokratischen Geistes kommt auch in den einleitenden Anordnungen der Strafprozeßordnung zum Ausdruck, in dem in diesen die den Schutz der persönlichen Freiheit sichernden Vorschriften enthalten sind.

Gegenüber dem alten Gesetz ist bemerkenswert, daß es eine Privatklage nur bei denjenigen Verbrechen kennt, bei denen keine öffentliche Klage erhoben werden muß. Doch kann der Staatsanwalt die Anklage auch in diesen Fällen übernehmen. Nimmt aber der Staatsanwalt die Anklage zurück, so ist der Verletzte seinerseits nicht berechtigt, das Verfahren weiter zu betreiben; er darf es auch in keinem der Fälle, in denen das Delikt der öffentlichen Anklage unterliegt. Mit anderen Worten: das Gesetz kennt das Institut der Ersatzprivatklage nicht.

Auch die Nebenklage ist dem Gesetz fremd. Hat der Staatsanwalt die Anklage vom Privatkläger übernommen, so stehen diesem nur die Rechte des Verletzten zu.

Das Anklageprinzip ist im Gesetz nicht folgerichtig durchgeführt, da das Gericht durch die Zurücknahme der Anklage seitens des Staatsanwalts zur Einstellung des Verfahrens nicht verpflichtet ist.

Was nun das Verfahren betrifft, so hat dieses im Vergleich zu dem alten Gesetz eine wesentliche Änderung dadurch erfahren, daß es einfacher und kürzer geworden ist. Hier zeigt es sich, wie sehr sich die Auffassungen über den Strafprozeß in dem halben Jahrhundert geändert haben, das seit der Schaffung der alten StPO vergangen ist. Damals war noch das Andenken an die Greuel des einstigen Inquisitionsverfahrens lebendig genug, um auf die Lehren der Strafprozeßwissenschaft eine abstoßende Wirkung auszuüben. Hier findet sich die Erklärung dafür, daß Theorie und Praxis im verflossenen Jahrhundert zum Schutze der persönlichen Freiheit und des unschuldigen Angeklagten zwischen die unvermeidlichen Vorerhebungen der Polizeiorgane und den eigentlichen Strafprozeß ein doppeltes richterliches Verfahren eingebaut haben, in dem geprüft werden soll, ob die erhobene Anklage genügenden Anlaß zu einem Strafprozeß gibt. Richterliche Voruntersuchung und Eröffnungsverfahren verdanken diesem Gedanken ihr Dasein. In den Jahrzehnten aber, die seit der Geltung der Strafprozeßordnung vom Jahre 1896 verflossen sind, ergaben sich aus dieser Regelung gewisse Bedenken. Vor allem gelangte man zu der Erkenntnis, daß die Erledigung der Sache durch die Beibehaltung der beiden Verfahrensabschnitte, richterliche Voruntersuchung und Eröffnungsverfahren, wesentlich verzögert wird, was mit dem nachdrücklich betonten Grundprinzip, nämlich der möglichst raschen Sacherledigung unvereinbar ist. Trotzdem wäre man bereit gewesen, sich mit dieser Verzögerung abzufinden, wenn es sich nicht ergeben hätte, daß sich diese Verfahrensabschnitte in den meisten Fällen als überflüssig erwiesen haben. Da die richterliche Voruntersuchung und das nachfolgende Zwischenverfahren nicht ausnahmslos verbindlich vorgeschrieben waren, die richterliche Voruntersuchung vielmehr nur in den taxativ bezeichneten Fällen den Ermittlungen nachfolgen mußte, das Zwischenverfahren aber — mit gewissen Ausnahmen — nur dann in Gang zu setzen war, wenn gegen die Anklageschrift Einwendungen erhoben wurden, wurde ein ansehnlicher Teil der Verfahren ohne diese beiden, oder zumindest ohne den einen oder den anderen Verfahrensabschnitt abgewickelt. Vornehmlich war es der letztere Abschnitt, der von allen Prozeßbeteiligten als eine vermeidbare Verzögerung empfunden wurde. Diese Bedenken bewogen die ungarische Gesetzgebung bereits zwischen den beiden Weltkriegen dazu, in einzelnen neuen Verfahrensarten vom Zwischenverfahren ganz abzusehen.

So war denn der Boden zur Vereinfachung und Beschleunigung des Verfahrens schon vor dem staatsrechtlichen Umschwung vorbereitet. Somit entspricht der Gang des in der vorliegenden Strafprozeßordnung geregelten Verfahrens den Ansichten, die eigentlich schon in einer jahrzehntelangen Entwicklung in Fachkreisen vorherrschend geworden waren.

Eine beträchtliche Vereinfachung bedeutet es, daß das Gesetz für sämtliche Strafsachen ein einziges Verfahren einführt, im Gegensatz zum alten Gesetz, welches das Verfahren vor den Bezirksgerichten besonders geregelt hatte. Damit entfielen auch die besonderen Verfahrensarten, die während der Geltungsdauer der Strafprozeßordnung vom Jahre 1896 als Ausnahmen für verschiedene Verbrechen eingeführt worden sind.

Im Beweisrecht steht das Gesetz auf dem Boden der freien Beweiserhebung und des freien richterlichen Ermessens. Auch Präsumptionen kennt das Gesetz nicht.

Wenden wir nun schließlich den Blick dem Rechtsmittelsystem des Gesetzes zu, so läßt sich feststellen, daß das Gesetz dieses System mehrfach vereinfacht hat. Die Vereinfachung tritt dadurch in Erscheinung, daß der Instanzenzug statt des herkömmlichen dreifachen ein nur zweifacher ist. Das einzige Rechtsmittel ist die Berufung, die somit nicht nur gegen Urteile, sondern auch gegen Beschlüsse eingelegt werden kann. Daneben gibt es nur außerordentliche Rechtsmittel, die sich gegen rechtskräftige richterliche Entscheidungen richten. Ferner ist das Berufungsgericht zur Aufhebung wie auch zur Abänderung des angefochtenen Urteils befugt.

Der dreifache Instanzenzug wurde schon längst als überflüssig, ja sogar als bedenklich angesehen, und so war die Ersetzung des dreiinstanzlichen Systems durch ein zweiinstanzliches eine alte Forderung des ungarischen Fachschrifttums. Wird der Grundsatz der Unmittelbarkeit der Beweisaufnahme ernst genommen, so kann man sich des Gedankens nicht erwehren, daß die erneute Aufrollung der Tatfrage vor einer oberen Instanz, die Wiederholung der Beweisaufnahme durch dieselbe, selbst dann, wenn es sich nur um eine Ergänzung derselben handelt, zu keinem beruhigerenden Ergebnis führen kann. Wird die Tatfrage ohne Wiederholung oder Ergänzung der Beweisaufnahme von der oberen Instanz entschieden, so ist anzunehmen, daß die diesbezüglichen Feststellungen auf Grund der unmittelbaren Eindrücke des ersten Gerichts verläßlicher sind als diejenigen der oberen Instanz, die der Unmittelbarkeit entbehren. Werden aber die Beweise von der zweiten Instanz erhoben, so besteht die Gefahr, daß die Beweise seit der erstinstanzlichen Verhandlung verblichen oder gar nicht mehr vorhanden sind. Freilich kommt es vor, daß gegen die Richtigkeit der erstinstanzlichen Beweiswürdigung ernstliche Bedenken bestehen; dann genügt aber die Überprüfung durch die zweite und nunmehr endgültig entscheidende Instanz, die gegebenenfalls die Sache an die erste Instanz zurückverweisen kann.

So enthält die Regelung, wonach in der Berufung als einzigem Rechtsmittel auch die Revision mitenthalten ist, nichts Bedenkliches, um so weniger, als die Berufungsinstanz das oberste Gericht des Staates ist. Damit ist die Einheitlichkeit der Rechtsprechung weit mehr verbürgt als durch die Einschaltung mittlerer Instanzen. Darin, daß die Berufung das einzige Rechtsmittel gegen nicht rechtskräftige richterliche Entscheidungen ist, — daß das staatsanwaltschaftliche Rechtsmittel den Namen „Verwahrung“ führt, ändert daran nichts —, offenbart sich auch das Bestreben, ein volksnahes Gesetz zu schaffen, da vom Volk für Unterscheidungen, wie z. B. die Unterscheidung zwischen Berufung und Beschwerde, kein Verständnis zu erwarten ist.

Was nun die übrige Ausgestaltung des Gesetzes betrifft, entspricht diese den Anforderungen, die von einer modernen Strafprozeßwissenschaft erhoben werden.

I. Kapitel

Grundlegende Prinzipien

Zweck des Gesetzes

§ 1. Zweck dieses Gesetzes ist es, durch die Regelung des Strafverfahrens der staatlichen, sozialen und wirtschaftlichen Ordnung und deren Institutionen, sowie den Rechten der Werktätigen der ungarischen Volksrepublik Schutz zu gewähren und hierdurch die Ahndung der strafbaren Handlungen, die Bestrafung der Feinde des werktätigen Volkes und die Erziehung der Werktätigen zur Einhaltung der Regel des sozialistischen Zusammenlebens der Gesellschaft sicherzustellen.

Sicherung der persönlichen Freiheit

§ 2. (1) Ein Strafverfahren kann nur auf gesetzlicher Grundlage und nur gegen denjenigen eingeleitet werden, der im begründeten Verdacht einer strafbaren Handlung steht.

(2) Die persönliche Freiheit kann niemandem außer in den gesetzlich festgelegten Fällen und auf keine andere Weise, als der gesetzlich zugelassenen entzogen werden.

(3) Der Staatsanwalt, die Gerichte und überhaupt diejenigen Behörden, die im Sinne des Gesetzes befugt sind, die persönliche Freiheit zu entziehen oder zu beschränken, sind verpflichtet, darauf zu achten, daß in den ihrem Zuständigkeitskreis zugehörigen Verfahren gegen niemanden eine die persönliche Freiheit beeinträchtigende Verfügung angewandt wird, die gesetzwidrig ist; falls aber eine solche Verletzung unterläuft, so haben sie die Pflicht, die gesetzwidrige Verfügung sofort zu beseitigen.

(4) Wegen einer strafbaren Handlung kann keine andere Strafe als diejenige angewandt werden, die in einem im gesetzlichen Zuständigkeitskreis in Gang gesetzten gesetzlichen Verfahren festgelegt worden ist.

Berücksichtigung der belastenden und entlastenden Umstände

§ 3. Die Behörden sind verpflichtet, die belastenden und entlastenden, sowie die die Strafe erschwerenden und mildernden Umstände in jedem Verfahrensabschnitt zu berücksichtigen und aufzuklären.

Beweise

§ 4. (1) Die im Strafverfahren vorgehende Behörde ist an formelle Beweisregeln, an eine festgelegte Art der Beweiserhebung oder Anwendung bestimmter Beweismittel nicht gebunden und kann jeden Beweis, der zur Klarstellung des Sachverhaltes geeignet sein kann, frei in Anspruch nehmen.

(2) Das Geständnis des Beschuldigten macht an sich die Anwendung anderer Beweismittel nicht überflüssig.

I. Kapitel

Ausschluß des Strafverfahrens

§ 5. (1) Ein Strafverfahren kann nicht eingeleitet werden, auch muß das bereits eingeleitete Strafverfahren in jedem Verfahrensabschnitt eingestellt bzw. durch ein freisprechendes Urteil beendigt werden:

1. wenn die Handlung des Beschuldigten keine strafbare Handlung ist,
2. wenn nach dem Strafgesetz ein die Strafbarkeit ausschließender oder ein dieselbe aufhebender Umstand vorliegt.

(2) Die Ausnahmen sind in diesem Gesetz festgelegt (§ 90 Abs. 2, § 133 Abs. 2, § 145 Abs. 2, § 214 Abs. 3, § 229, § 230 Abs. 2).

Verbot des mehrfachen Verfahrens

§ 6. Wegen einer bereits rechtskräftig abgeurteilten strafbaren Handlung ist gegen dieselbe Person — außer im Falle der Wiederaufnahme des Verfahrens und des Rechtsmittels im Interesse der Gesetzlichkeit — kein neues Strafverfahren statthaft.

Öffentlichkeit

§ 7. (1) Die Verhandlungen der Gerichte sind öffentlich.

(2) Das Gericht kann die Öffentlichkeit durch begründete Entscheidung für die ganze Verhandlung oder für einen Teil derselben jederzeit ausschließen, wenn dies zur Wahrung des Staatsgeheimnisses, des militärischen Geheimnisses oder des Amtsgeheimnisses oder aus sittlichen Gründen unbedingt notwendig ist. Das Gericht kann einzelnen Amtspersonen auch in diesem Fall die Erlaubnis erteilen, in der Verhandlung zugegen zu sein.

(3) Das Gericht verkündet seine in der Verhandlung ergangenen Beschlüsse im allgemeinen öffentlich.

Sicherung des Gebrauchs der Muttersprache

§ 8. Die Sprache des Verfahrens ist die ungarische. Wegen Unkenntnis der ungarischen Sprache kann niemand einen Nachteil erleiden. Eine der ungarischen Sprache unkundige Person kann während des ganzen Verfahrens sich in Wort wie auch Schrift ihrer Muttersprache bedienen.

Verhältnis der im Zivil- und Strafprozeß ergangenen Urteile zueinander

§ 9. (1) Ist im Zivilprozeß über die zivilrechtlichen Folgen einer vom Strafgericht bereits rechtskräftig abgeurteilten strafbaren Handlung zu entscheiden, so ist das Strafurteil auch für das im Zivilprozeß erkennende Gericht hinsichtlich der Frage maßgebend, ob eine strafbare Handlung begangen worden ist und ob der Beschuldigte die strafbare Handlung begangen hat, doch ist das Gericht, das im Zivilprozeß zu entscheiden hat, bei der Feststellung der Schadensersatzpflicht durch das Urteil des Strafgerichts nicht gebunden.

(2) Die Frage, ob der Beschuldigte schuldig und welcher strafbarer Handlung er schuldig zu sprechen ist, wird vom Strafgericht auch dann selbständig beurteilt, wenn vom Gericht im Zivilprozeß bereits eine rechtskräftige Entscheidung ergangen ist.

II. Kapitel

Gerichte

Gerichte erster und zweiter Instanz

§ 10.*) (1) In erster Instanz urteilen:
das Bezirksgericht (städtisches Gericht, städtisches Bezirksgericht),
das Komitatsgericht (das Budapester hauptstädtische Gericht) und
die Sondergerichte (Militärgericht und Verkehrsgericht).

(2) In zweiter Instanz urteilen:
in Sachen, für die das Bezirksgericht (das städtische Gericht, städtische Bezirksgericht) sachlich zuständig ist, das Komitatsgericht (das Budapester hauptstädtische Gericht),
in Sachen, für die das Komitatsgericht (das Budapester hauptstädtische Gericht), sowie in Sachen, für die die Sondergerichte zuständig sind, das Oberste Gericht.

(3) Wo das Gesetz das Bezirksgericht betreffende Anordnungen enthält, ist unter dem letzteren auch das städtische Gericht und das städtische Bezirksgericht zu verstehen, während bei Bestimmungen über die Komitatsgerichte auch das Budapester hauptstädtische Gericht darunter zu verstehen ist.

Besetzung der Gerichte

§ 11. (1) Die Gerichte, die in erster Instanz erkennen, urteilen als Dreiersenate, die mit einem Berufsrichter und zwei Volksbeisitzern besetzt sind.

(2) Das Gesetz kann auch für die Gerichte erster Instanz die Vorschrift enthalten, daß der Senat mit drei Berufsrichtern zu besetzen ist.

(3) Der Senat des in zweiter Instanz erkennenden Gerichts besteht aus drei Berufsrichtern.

§ 12. (1) Im Verfahren stehen den Berufsrichtern und den Volksbeisitzern dieselben Rechte zu und beide sind denselben Pflichten unterworfen.

(2) Für die Berufsrichter und die Volksbeisitzer sind hinsichtlich des Verbots ihrer gemeinsamen Verwendung dieselben Vorschriften maßgebend[1]).

(3) In den nachfolgenden Anordnungen des Gesetzes bedeutet der Ausdruck „Richter" gleicherweise Berufsrichter wie auch Volksrichter.

Ausschluß von Richtern

§ 13. Von der Erledigung der Sache ist ausgeschlossen und kann als Richter nicht teilnehmen:

a) wer in der Sache die Rolle einer Partei (§ 37), des Geschädigten bzw. Anzeigers oder des Vertreters von diesen innehat oder innegehabt hat;
b) wer in der Sache eine Ermittlungshandlung vorgenommen hat;
c) wer nach § 29 des Gesetzes II vom Jahre 1950 (des weiteren: StGBA) Angehöriger einer Partei, des Beschuldigten oder deren Vertreter ist;

---

*) Vgl. Nachtrag § 5.

[1]) Nach den Gesetzesartikeln IV vom Jahre 1869, XVII vom Jahre 1896 (§§ 41—43) und VIII vom Jahre 1925 (§ 31) besteht ein Verbot, Verwandte auf- oder absteigender Linie, Ehegatten sowie Verwandte in einer Seitenlinie bis zu den Enkelkindern usw. im selben Gerichtssenat zu verwenden (Anmerkung des Übersetzers).

d) wer in der Sache als Zeuge oder Sachverständiger vernommen worden ist;

e) derjenige, von dem die sachliche oder unparteiische Beurteilung der Sache aus einem anderen Grunde nicht zu erwarten ist (Befangenheit).

§ 14. Das Bezirksgericht bzw. Komitatsgericht, dessen Vorsitzender nach § 13 a) oder c) ausgeschlossen ist, kann in der Sache nicht vorgehen.

§ 15. Von der zweitinstanzlichen Erledigung der Sache ist auch der Richter ausgeschlossen, der an der erstinstanzlichen Erledigung der Sache teilgenommen hat.

§ 16. (1) Das Gericht hat von Amts wegen darauf zu achten, daß ein im Sinn der vorangehenden Paragraphen ausgeschlossener Richter am Verfahren nicht teilnimmt.

(2) Der Richter ist verpflichtet, dem Vorsitzenden des Gerichts unverzüglich zu melden, wenn ihm gegenüber ein Ausschließungsgrund vorliegt; für das Versäumen der Meldung oder deren Verzögerung ist er disziplinarisch und materiell verantwortlich.

(3) Im Falle eines Ausschließungsgrundes wird das Ausschließungsverfahren vom Vorsitzenden des Gerichts vom Amts wegen in Gang gesetzt.

(4) Der Ausschließungsgrund kann auch von der Partei oder vom Verletzten angemeldet werden. Diese Anmeldung ist in jedem Verfahrensabschnitt statthaft, doch kann der in § 13 e) genannte Ausschließungsgrund von der Partei oder dem Geschädigten nach Beginn der Verhandlung nur dann geltend gemacht werden, wenn auf der Stelle die Wahrscheinlichkeit dafür erwiesen wird, daß die der Anmeldung zugrunde liegende Tatsache der anmeldenden Person erst nach Beginn der Verhandlung zur Kenntnis gekommen ist und der Ausschließungsgrund nach der Kenntnisnahme auf der Stelle gemeldet wird.

§ 17. Ist die Anmeldung des Ausschließungsgrundes vom Richter selbst erfolgt oder hat dieser der Ausschließung auch selbst zugestimmt, so kann der Vorsitzende des Gerichts die Designierung eines anderen Senats bzw. eines anderen Richters verfügen.

§ 18. (1) Wird die Ausschließungsfrage im Verwaltungswege nicht erledigt, so trifft ein anderer Senat desselben Gerichts die Entscheidung in der Sache.

(2) Hat dasselbe Gericht keinen anderen Senat, auf den sich kein Ausschließungsgrund bezieht, oder erstreckt sich der Ausschließungsgrund im Sinne des § 14 auf das ganze Gericht, so entscheidet das Gericht zweiter Instanz über die Ausschließung.

(3) Über die Frage der Ausschließung beschließt das Gericht in öffentlicher Sitzung. Vor dem Beschluß muß dem Staatsanwalt Gehör geschenkt und — falls die Anmeldung nicht vom Richter selbst erfolgt ist — auch dessen Äußerung eingeholt werden.

(4) Gegen die Entscheidung, die die Ausschließung anordnet, findet keine Berufung statt; gegen die die Ausschließung ablehnende Entscheidung kann nur in der Berufung gegen die Entscheidung in der Sache selbst Beschwerde geführt werden.

Gerichte

§ 19. (1) Der Richter, der von dem die eigene Person betreffenden Ausschließungsgrund selbst Meldung gemacht hat, kann bis zur Erledigung seiner Anmeldung in der Sache nicht verfahren. In jedem anderen Fall kann zwar der betreffende Richter auch weiterhin verfahren, doch darf er, wenn es sich um Ausschließungsgründe handelt, die in § 13 a) — d) bezeichnet sind, bis zur Erledigung der Anmeldung an der Urteilsfindung nicht teilnehmen. Auch diese Beschränkung entfällt, wenn dieselbe Partei oder derselbe Verletzte in derselben Sache nach Ablehnung der Ausschließung eine neue Anmeldung vornimmt.

(2) Macht der Beschuldigte, der Verletzte oder deren Vertreter eine auf Ausschließung gerichtete Anmeldung offenbar unbegründet, oder macht er in derselben Sache gegen denselben Richter wiederholt eine unbegründete Anmeldung, so kann er in dem den Ausschluß verweigernden Beschluß mit einer Geldbuße bis zu 1000 Gulden belegt werden. Wegen der Verhängung der Geldbuße ist eine besondere Berufung mit aufschiebender Wirkung statthaft.

§ 20. Die Vorschriften der §§ 13—19 sind auch auf die Ausschließung des Protokollführers anzuwenden.

§ 21. (Ist durch § 6 der StPON außer Kraft gesetzt.)

Sachliche Zuständigkeit

§ 22.*) Das Verfahren, das Verbrechen zum Gegenstand hat, für deren Aburteilung nach den §§ 23, 23 B und 23 C nicht die sachliche Zuständigkeit des Komitatsgerichts bzw. der Sondergerichte begründet ist, gehört zur sachlichen Zuständigkeit des Bezirksgerichts.

§ 23. Die sachliche Zuständigkeit des Komitatsgerichts ist gegeben, wenn das Verfahren folgende Verbrechen zum Gegenstand hat:

a) Das Verbrechen gegen den Frieden der Völker sowie im Gesetz besonders umschriebene Verbrechen gegen die Volksrepublik,
b) Kriegsverbrechen und Verbrechen gegen das Volk,
c) Verbrechen durch Verletzung des Staats- und des Amtsgeheimnisses,
d) Verbrechen gegen das Sozialeigentum; Verbrechen, welche die Interessen der Planwirtschaft verletzten, die Verbrechen gegen die öffentliche Verpflegung, sowie das Verbrechen der Preistreiberei, sofern für diese im Gesetz die Todesstrafe vorgesehen ist,
e) die Devisenwirtschaft verletzende Verbrechen,
f) Geldfälschung und Mißbrauch mit Falschgeld,
g) Verbrechen des Mordes und des Totschlags,
h) auch andere Verbrechen, sofern der Staatsanwalt auf Weisung des obersten Staatsanwalts bei dem Komitatsgericht Anklage erhebt.

§ 23 A. (1) Bei den Verbrechen gegen die Volksrepublik und die Volkswirtschaft urteilt in Fällen von besonderer Bedeutung in erster Instanz das Oberste Gericht, wenn der oberste Staatsanwalt vor dem Obersten Gericht die Anklage erhebt.

(2) Die Urteilsfällung der Kollegien des Obersten Gerichts als erstinstanzlichem Gericht erfolgt in einem mit einem Berufsrichter und zwei Volksbeisitzern besetzten Senat; Vorsitzender des Senats ist der Berufsrichter.

---

*) Vgl. Nachtrag § 6.

(3) In den der sachlichen Zuständigkeit des Militärgerichts zugewiesenen besonderen Fällen, in welchen dies zum Schutz des Staatsinteresses notwendig ist, urteilt auf Antrag des obersten Staatsanwaltes das Militärkollegium in erster Instanz in einem mit drei Berufsrichtern besetzten Senat in nicht öffentlicher Verhandlung.

(4) Der Vorsitzende des Obersten Gerichts ist befugt, jede Sache eines jeden Gerichts in jedem Verfahrensabschnitt an sich zu ziehen, in Ausnahmefällen aber auch die Sache in die Zuständigkeit des Obersten Gerichts einzubeziehen. Bezüglich der Besetzung des erkennenden Senates des Obersten Gerichts sind — je nachdem, ob die Sache im erstinstanzlichen oder im Berufungsverfahren einbezogen wird — die Vorschriften der Absätze (2) und (3) bzw. des § 11 Absatz (3) maßgebend.

(5) In den in diesen Paragraphen erwähnten Fällen wird die Anklage vor dem Obersten Gericht vom obersten Staatsanwalt vertreten.

Sachliche Zuständigkeit der Sondergerichte

§ 23 B.*) (1) Zur sachlichen Zuständigkeit des Militärgerichts gehört das Verfahren wegen irgendwelcher Verbrechen, die von Mitgliedern der bewaffneten und der polizeilichen Körperschaften (der Volksarmee, der Staatsschutzorgane des Ministeriums des Innern, der Grenzwache, der Polizei, der Strafvollstreckungsorgane, der beruflichen Luftschutzorgane, der Feuerwehr, der Finanzwache und der Zollwache) — während der Dauer ihres Dienstverhältnisses — begangen wurden.

(2) Die sachliche Zuständigkeit des Militärgerichts erstreckt sich auch auf diejenigen Zivilpersonen, die

a) einen das Interesse der Landesverteidigung unmittelbar verletzenden oder gefährdenden Landesverrat, Spionage oder ein anderes dieser Verbrechen begehen, mitinbegriffen die Verbrechen, die zur Vorschubleistung oder Verschleierung eines derartigen Verbrechens dienen,

b) bei einem, von einer der militärischen Strafgerichtsbarkeit unterworfenen Person begangenen Verbrechen Anstifter, Gehilfe, Begünstiger oder Hehler sind,

c) die Anzeigepflicht bezüglich eines solchen Verbrechens verletzen, das von einer nach den Vorschriften dieses Paragraphen der militärischen Strafgerichtsbarkeit unterworfenen Personen begangen worden ist.

(3) Ist dieselbe Person wegen mehrerer Verbrechen beschuldigt und gehört eines von diesen der militärischen sachlichen Zuständigkeit an, oder ist das Verbrechen von mehreren begangen worden und gehört hinsichtlich einer Person das Verfahren zur Zuständigkeit des Militärgerichts, so wird das Verfahren gemeinschaftlich vom Militärgericht fortgeführt, vorausgesetzt, daß die Trennung nicht angezeigt erscheint.

§ 23 C.**) (1) Zur sachlichen Zuständigkeit des Verkehrsgerichts gehört das Verfahren wegen Verbrechen, die den Eisenbahn-, Straßen-, Luft- und Wasserverkehr- und -transport verletzen, sowie die, die sich gegen den normalen Betrieb und die Sicherheit des Nachrichtenferndienstes richten.

(2) Der Staatsanwalt kann wegen Verbrechen, die sich gegen den Straßenverkehr und den Straßentransport sowie gegen den normalen Betrieb des Nachrichtenferndienstes richten, auch vor dem Bezirksgericht bzw. dem Komitatsgericht Anklage erheben.

---

*) Vgl. Nachtrag §§ 1 u. 2.

**) Vgl. Nachtrag §§ 5, 7.

Örtliche Zuständigkeit

§ 24. (1) Zur Durchführung des Verfahrens ist dasjenige Gericht zuständig, auf dessen Gebiet die strafbare Handlung begangen worden ist, auch wenn der Erfolg derselben anderswo eingetreten ist.

(2) Ist die strafbare Handlung auf dem Gebiet mehrerer Gerichte begangen worden, oder ist der Begehungsort nicht zu ermitteln, so ist dasjenige Gericht zuständig, das sich zuerst mit der Sache befaßt hat (Prävention). Wird aber der Begehungsort noch vor Anberaumung des Verhandlungstermines bekannt, so wird das Verfahren auf Antrag irgendeiner Partei von demjenigen Gericht fortgesetzt, auf dessen Gebiet die strafbare Handlung begangen worden ist.

(3) Für das Verfahren ist auch dasjenige Gericht zuständig, in dessen Gebiet der Beschuldigte wohnhaft ist, sofern der Staatsanwalt die Sache diesem Gericht zur Aburteilung vorlegt.

§ 25. (1) Im Falle eines im Ausland begangenen Verbrechens ist dasjenige inländische Gericht zuständig, auf dessen Gebiet sich der Täter oder Teilnehmer befindet, oder wo er sich in Ermangelung eines Aufenthaltsortes in Haft befindet.

(2) Dasselbe gilt auch dann, wenn die strafbare Handlung außerhalb der Landesgrenzen, jedoch an einem Ort begangen worden ist, welcher dem Inland gleichzusetzen ist (StGBA § 3 Abs. 2).

§ 26. Für das Verfahren, das ein Auslieferungsersuchen einer ausländischen Behörde betrifft (§ 236), ist dasjenige Komitatsgericht zuständig, in dessen Gebiet die auszuliefernde Person sich aufhält.

§ 27. Wird dieselbe Person mehrerer strafbarer Handlungen beschuldigt und sind für das Verfahren verschiedene Gerichte zuständig, so erkennt wegen sämtlicher strafbarer Handlungen dasjenige Gericht, dessen sachliche Zuständigkeit auch das schwerste Verbrechen umfaßt. Zwischen mehreren gleicherweise sachlich zuständigen Gerichten entscheidet das Zuvorkommen.

§ 28. (1) Ist die Tat von mehreren Personen begangen worden, so kann das Gericht, welches für das Verfahren gegen die eine Person zuständig ist, auch gegen die übrigen das Verfahren durchführen, sofern die Aburteilung der Tat seine sachliche Zuständigkeit nicht übersteigt. Zwischen mehreren solchen Gerichten entscheidet das Zuvorkommen.

(2) Die örtliche Zuständigkeit, die für den Täter oder Teilnehmer begründet ist, erstreckt sich auch auf den Begünstiger und den Hehler.

§ 29. Sämtliche Täter oder Teilnehmer sowie auch der Begünstiger und der Hehler sind, soweit möglich, im selben Verfahren zur Verantwortung zu ziehen.

§ 30. Für das Sonderverfahren der Einziehung und Vermögenseinziehung (§ 229) ist dasjenige Gericht zuständig, das zur Aburteilung der der Einziehung (Vermögenseinziehung) zugrunde liegenden strafbaren Handlung zuständig wäre; ist dieses aber nicht zu ermitteln, so ist das Gericht zuständig, an welches sich der Staatsanwalt zum Zwecke der Anordnung der Einziehung (Vermögenseinziehung) wendet.

II. Kapitel

Prüfung der sachlichen und örtlichen Zuständigkeit

§ 31. Das Gericht prüft bis zum Beginn der Verhandlung seine sachliche wie auch seine örtliche Zuständigkeit von Amts wegen.

§ 32. (1) Nach Beginn der Verhandlung ist der Mangel der sachlichen Zuständigkeit insoweit von Amts wegen zu berücksichtigen, als die Sache zur Zuständigkeit des Komitatsgerichts oder eines Sondergerichts gehört, bzw. ein Sonderverfahren stattzufinden hat; im übrigen kann der Mangel der sachlichen Zuständigkeit nicht berücksichtigt werden.

(2) Nach Beginn der Verhandlung ist der Mangel der örtlichen Zuständigkeit dann von Amts wegen zu berücksichtigen, wenn die Rechtsnorm eine ausschließliche örtliche Zuständigkeit vorschreibt; im übrigen kann aber der Mangel der örtlichen Zuständigkeit überhaupt nicht berücksichtigt werden.

Bestimmung (Designierung) des zuständigen Gerichts

§ 33. (1) In Kollisionsfällen hinsichtlich der sachlichen oder örtlichen Zuständigkeit, die sich als Folge rechtskräftiger Beschlüsse ergeben, sowie auch dann, wenn das zuständige Gericht wegen Ausschließung nicht im Stande ist, das Verfahren durchzuführen, ist das erkennende Gericht nach Anhörung des Staatsanwalts zu bestimmen.

(2) Die Bestimmung (Designierung) erfolgt durch das Komitatsgericht, wenn die Kollision ausschließlich zwischen den zu seinem Sprengel gehörenden Bezirksgerichten entstanden ist, bzw. wenn im Fall der Ausschließung des zu seinem Sprengel gehörenden Bezirksgerichts ein anderes, ebenfalls zu seinem Sprengel gehörendes Bezirksgericht bestimmt werden kann.

(3) In den anderen Fällen erfolgt die Bestimmung (Designierung) nach Anhörung des obersten Staatsanwalts durch das Oberste Gericht. Das Oberste Gericht bestimmt das zuständige Gericht auch dann, wenn die für die Zuständigkeit maßgebenden Umstände nicht zu ermitteln sind.

§ 34. Das Oberste Gericht bestimmt an Stelle des sonst zuständigen Gerichts auf Antrag des obersten Staatsanwalts ein anderes Gericht von gleicher sachlicher Zuständigkeit, wenn dies hinsichtlich der Vorbereitung der Sache, der Erleichterung der Beweisaufnahme oder wegen eines anderen mit dem Strafverfahren verbundenen schwerwiegenden Interesses begründet ist.

Verbindung und Trennung von Strafsachen

§ 35. Verfahren, deren gemeinsame Erledigung mit Rücksicht auf den Gegenstand des Verfahrens oder die daran beteiligten Personen oder aus einem anderen Grunde zweckmäßig erscheint, können auch außer den in den §§ 28 und 29 umschriebenen Fällen verbunden werden.

§ 36. Erscheint es zweckmäßig, so kann von der Verbindung der Strafsachen abgesehen werden, bzw. diese können voreinander getrennt werden. Im Falle der Trennung sind die Akten demjenigen Gericht zu übergeben, welches sonst zuständig wäre.

III. Kapitel

Parteien

Übersicht über die Parteien

§ 37. Parteien des Verfahrens sind: der Staatsanwalt, der Privatkläger und der Beschuldigte, ferner im Rahmen der Verfolgung des privatrechtlichen Anspruchs der Verletzte (Privatpartei).

Der Staatsanwalt

§ 38. (1) Im Strafverfahren hat der Staatsanwalt die Pflicht, der staatlichen, sozialen und wirtschaftlichen Ordnung sowie der Unabhängigkeit und Sicherheit der Volksrepublik Schutz gewährend, die strafbaren Handlungen zu ahnden.

(2) Die Vertretung der Anklage im Verfahren ist — mit Ausnahme im Falle der Privatklage (§ 41) — Aufgabe des Staatsanwalts. Der Staatsanwalt kann in der Verhandlung und bei anderen Verfahrenshandlungen als Vertreter der Anklage auch dann zugegen sein, wenn er zur Anwesenheit im Sinne des Gesetzes sonst nicht verpflichtet wäre; während des ganzen Gangs des Verfahrens kann er in die Akten Einsicht nehmen. Der die Anklage vertretende Staatsanwalt kann in allen während des Verfahrens auftretenden wesentlichen Fragen vor der gerichtlichen Stellungnahme Anträge stellen.

(3) Der Staatsanwalt kann, solange sich das Gericht noch nicht zur Urteilsfällung zurückgezogen hat (§ 170 Abs. 3), die Anklage zurücknehmen oder modifizieren; doch hat er die Pflicht, die Zurücknahme oder die Modifizierung der Anklage zu begründen.

(4) Die Staatsverwaltungsorgane, ebenso die Lokalorgane der Staatsgewalt sind verpflichtet, dem Ersuchen des Staatsanwalts Folge zu leisten.

§ 39. (1) Die Vorschrift des § 13 bezüglich der Ausschließung der Richter ist auf die Staatsanwälte mit den folgenden Abweichungen anzuwenden:

a) für den Staatsanwalt ist es kein Ausschließungsgrund, daß er in der Sache eine Ermittlungshandlung vorgenommen hat oder in der Sache sonst als Staatsanwalt vorgegangen ist;

b) für den Staatsanwalt ergibt sich daraus kein Ausschließungsgrund, daß er in der Sache als Richter tätig war oder daß er ein in § 29 StGBA umschriebener Angehöriger des in der Sache erkennenden Richters ist.

(2) Über die Frage der Ausschließung des Staatsanwalts entscheidet der Leiter der Staatsanwaltschaft, während bezüglich der Ausschließung des letzteren der oberste Staatsanwalt entscheidet. Die Vorschriften des § 16 sind auch hier entsprechend anzuwenden.

§ 40. (1) Die örtliche Zuständigkeit des Staatsanwalts richtet sich nach der örtlichen Zuständigkeit desjenigen Gerichts, neben welchem der Staatsanwalt tätig ist. Doch kann auf Anordnung des obersten Staatsanwalts jeder Staatsanwalt in jedem Verfahrensabschnitt auch in einer Sache tätig sein, auf welche sich seine Zuständigkeit sonst nicht erstrecken würde.

(2) In dringenden Fällen hat jeder Staatsanwalt die Pflicht, die notwendigen Verfügungen innerhalb seines Zuständigkeitssprengels auch

dann zu treffen, wenn er nicht zuständig ist. Von Verfügungen dieser Art ist die zuständige Staatsanwaltschaft unverzüglich zu benachrichtigen.

(3) Außerhalb seines Zuständigkeitssprengels darf der Staatsanwalt eine Verfahrenshandlung nur mit Zustimmung des Leiters der Staatsanwaltschaft vornehmen, ausgenommen der Fall der unverzüglichen Dringlichkeit, doch muß das Verfahren auch dann dem Leiter der Staatsanwaltschaft nachträglich mitgeteilt werden.

(4) Die Zuständigkeitskollision, die sich zwischen Staatsanwälten, die bei derselben Staatsanwaltschaft tätig sind, ergeben hat, wird vom Leiter der Staatsanwaltschaft entschieden. Im übrigen entscheidet in Fällen von Zuständigkeitskollisionen zwischen Staatsanwälten der oberste Staatsanwalt.

Der Privatkläger

§ 41. (1) In Fällen von leichter Körperverletzung, Beleidigung und Verleumdung, Hausfriedensbruch, Verletzung des Briefgeheimnisses, sowie Sachbeschädigung an Fahrnissen oder Liegenschaften, schließlich bei Übertretungen gegen das Eigentum wird, wenn die Handlung auf Antrag zu verfolgen ist, die Anklage vom Verletzten als Privatkläger vertreten.

(2) Bei mehreren Verletzten hängt es von ihrem Übereinkommen ab, welcher von ihnen als Privatkläger vorgehen soll. Mangelt es an einem Übereinkommen, so entscheidet das Zuvorkommen, und ist dieses nicht zu ermitteln, so ist die Entscheidung des Gerichts maßgebend.

(3) Stirbt der Privatkläger, so kann binnen 30 Tagen sein in § 29 StGBA bezeichneter Angehörige an seine Stelle treten.

§ 42. Der Privatkläger kann im Laufe des Verfahrens alle Anträge stellen und alle Erklärungen abgeben, die mit der Vertretung der Anklage verbunden sind; er kann jederzeit in die Akten Einsicht nehmen. Die Anklage kann er bis zu dem in § 38 Abs. 3 festgesetzten Verfahrensabschnitt zurücknehmen oder modifizieren; dabei ist er aber nicht verpflichtet, diese Erklärung zu begründen.

§ 43. (1) Der Staatsanwalt kann in die Akten auch im Falle der Privatklage jederzeit Einsicht nehmen und in der Verhandlung erscheinen.

(2) Der Staatsanwalt kann die Vertretung der Anklage vom Privatkläger in jedem Verfahrensabschnitt übernehmen; in diesem Falle stehen dem Privatkläger die Rechte des Verletzten zu.

Die Privatpartei

§ 44. (1) Der Verletzte kann als Privatpartei gegen den Beschuldigten im Strafverfahren im Falle irgendeiner strafbaren Handlung den zivilrechtlichen Anspruch geltend machen, der durch die strafbare Handlung entstanden ist, vorausgesetzt, daß er den Anspruch im Verlauf des erstinstanzlichen Verfahrens, spätestens aber bis zu dem Zeitpunkt, in dem sich das Gericht zur Urteilsberatung zurückzieht, anmeldet.

(2) Stirbt der Verletzte, so kann sein Erbe die Rechte des Privatklägers geltend machen.

(3) Die Privatpartei kann beim Gericht in die Akten Einsicht nehmen, in der Verhandlung das Wort ergreifen und Anträge stellen; werden die Rechte der Privatpartei vom Erben des Verletzten geltend gemacht, so darf er nur hinsichtlich seines zivilrechtlichen Anspruchs Anträge stellen.

(4) Der Verletzte bzw. dessen Erbe wird durch den Umstand, daß er nicht als Privatpartei aufgetreten ist, nicht daran gehindert, seinen Anspruch auf einem anderen rechtlichen Wege geltend zu machen.

(5) Den dem Verletzten zustehenden zivilrechtlichen Anspruch kann auch der Staatsanwalt geltend machen.

Der Verletzte und die übrigen Beteiligten

§ 45. (1) Der Verletzte kann, auch wenn er am Verfahren im Sinne der §§ 41 bzw. 44 als Partei keinen Anteil hat, beim Gericht in die Akten Einsicht nehmen, in der Verhandlung das Wort ergreifen und Anträge stellen.

(2) Der nicht als Partei auftretende Beteiligte, der durch eine im Verlauf der Verhandlung zu treffende Entscheidung betroffen werden kann, kann in der Verhandlung erscheinen, dort in dem Umfange, in dem er vom Verfahren unmittelbar betroffen wird, das Wort ergreifen und Anträge stellen.

Vertreter des Privatklägers, der Parteien, des Verletzten und der übrigen Beteiligten

§ 46.*) (1) Zur Vertretung des Privatklägers, der Privatpartei, des Verletzten und der übrigen an der Sache Beteiligten (§ 45 Abs. 2) sind im Verfahren folgende Personen berechtigt:

a) der bevollmächtigte Rechtsanwalt,
b) der gesetzliche Vertreter,
c) kraft einer Bevollmächtigung der in § 29 StGBA bezeichnete volljährige Angehörige.

(2) Derjenige, der in der Verhandlung in der Eigenschaft eines Zeugen beteiligt ist, ist zur Vertretung nicht befugt.

Der Beschuldigte

§ 47. (1) Derjenige, gegen den das Strafverfahren eingeleitet ist, ist der Beschuldigte, und zwar sowohl während der Ermittlungen (Verdächtigter), wie auch nach der Einreichung der Anklageschrift (Angeklagter), schließlich auch nachdem das rechtskräftige Urteil gefällt ist (Verurteilter).

(2) Der Beschuldigte kann die Anträge, andersartige Unterbreitungen und Bemerkungen, die er im Interesse seiner Verteidigung für notwendig erachtet, in jedem Verfahrensabschnitt vorbringen. Er kann in die Akten nach der Einreichung der Anklageschrift beim Gericht und — falls dadurch der Erfolg des Verfahrens nicht gefährdet wird — auch während dem Gang der Ermittlungen Einsicht nehmen. In der Verhandlung und bei der Durchführung der übrigen Verfahrenshandlungen kann er auch dann zugegen sein, wenn dies vom Gesetz nicht bindend vorgeschrieben ist.

(3) Der Beschuldigte ist jedesmal, wenn er eines seiner gesetzlich zugesicherten Rechte auszuüben befugt ist, hierauf aufmerksam zu machen.

Der Verteidiger

§ 48.**) (1) Im Interesse des Beschuldigten kann in jedem Verfahrensabschnitt ein Verteidiger mitwirken.

(2) Verteidiger kann sein:

a) der bevollmächtigte oder vom Gericht bestellte Rechtsanwalt,

---

*) Vgl. Nachtrag § 8.
**) Vgl. Nachtrag § 9.

b) vor dem Bezirksgericht, wenn auf eine Handlung vom Gesetz keine schwerere Strafe als 5 Jahre Kerker angedroht wird, der gesetzliche Vertreter und kraft einer Vollmacht der im § 29 StGBA bezeichnete volljährige Angehörige.

(3) § 46 Abs. 2 ist auch hinsichtlich des Verteidigers entsprechend anzuwenden.

§ 49. (1) Die Teilnahme eines Verteidigers in der Verhandlung ist verbindlich, wenn:

a) das Verbrechen vom Gesetz mit einer schwereren Strafe als mit 5 Jahren Kerker bedroht wird;
b) der Beschuldigte ein Jugendlicher oder eine taube, stumme oder geistig minderwertige Person ist;
c) über die Frage der Sicherungsverwahrung des Beschuldigten zu entscheiden ist;
d) die Anklage in der Verhandlung vom Staatsanwalt vertreten wird (§ 154 A). Verzichtet der Beschuldigte in einem solchen Fall ausdrücklich auf die Teilnahme eines Verteidigers, so kann die Verhandlung auch ohne die Teilnahme eines Verteidigers stattfinden.

(2) Hat der Beschuldigte keinen beauftragten Verteidiger und ist die Verteidigung verbindlich, so bestellt der Vorsitzende des Senats von Amts wegen einen Verteidiger.

(3) Das Gericht kann auch außer den Fällen der verbindlichen Verteidigung einen Verteidiger bestellen, wenn dies im Interesse des Beschuldigten notwendig ist. Eine Verfügung dieser Art ist entweder von Amts wegen oder auf Ersuchen des Beschuldigten, dessen gesetzlichen Vertreters oder des in § 29 StGBA bezeichneten Angehörigen statthaft.

(4) Für mehrere Beschuldigte kann ein gemeinsamer Verteidiger nur dann bestellt werden, wenn zwischen ihren Interessen kein Gegensatz besteht.

(5) Das Gericht kann, falls es begründet ist, einen Verteidiger auch in dem der Verhandlung vorangehenden Verfahrensabschnitt bestellen. Ist der Beschuldigte in vorläufiger Sicherungshaft, so ist die Verteidigung in dem der Verhandlung vorangehenden Verfahrensabschnitt verbindlich.

§ 50.*) (1) In den Fällen, in denen die Bestellung eines Verteidigers verbindlich ist, wird der Verteidiger in der Person eines Rechtsanwaltes, der aus einer zu diesem Zweck zusammengestellten Liste entnommen wird, vom Vorsitzenden des erkennenden Senats bestellt. Der bestellte Verteidiger kann um seine Enthebung nur aus einem schwerwiegenden Grund nachsuchen.

(2) Als Verteidiger kann nicht bestellt werden:

a) der Verletzte, der im § 29 StGBA bezeichnete Angehörige des Beschuldigten oder Verletzten,
b) derjenige, der in der Sache eine Ermittlungshandlung vorgenommen hat oder als Richter, als Staatsanwalt oder als Vertreter des Verletzten am Verfahren teilgenommen hat oder allgemein ein Verhalten gezeigt hat, das dem Interesse des Beschuldigten widerspricht.

(3) Der zur erstinstanzlichen Verhandlung bestellte Verteidiger ist zur Ausübung der Verteidigung im Berufungsverfahren nicht verpflichtet,

---

*) Vgl. Nachtrag § 10.

außer wenn der Sitz des Gerichtes zweiter Instanz derselbe ist, als derjenige des Gerichts, das in erster Instanz erkannt hat.

(4) Die Bestellung des Verteidigers verliert ihre Geltung, wenn für die Verteidigung des Beschuldigten durch einen beauftragten Verteidiger gesorgt wird.

§ 51. (1) Einen Verteidiger kann vor allem der Beschuldigte beauftragen. Gibt der Beschuldigte keinen solchen Auftrag, so kann sein gesetzlicher Vertreter oder sein im § 29 StGBA bezeichneter volljähriger Angehörige für die Beauftragung eines Verteidigers sorgen.

(2) Der Beschuldigte kann den von ihm selbst beauftragten, wie auch den von einem anderen beauftragten Verteidiger, den Auftrag entziehen.

§ 52. (1) Der Verteidiger kann im Interesse des Beschuldigten in jedem Verfahrensabschnitt mündlich oder schriftlich Anträge stellen oder anderweitige Vorschläge machen. Er kann in die Akten beim Gericht und — sofern dies den Erfolg des Verfahrens nicht gefährdet — auch im Laufe der Ermittlungen Einsicht nehmen.

(2) Entscheidungen, gegen die Berufung eingelegt werden kann, sind dem Verteidiger mitzuteilen.

IV. Kapitel

Beweismittel

Übersicht über die Beweismittel

§ 53. (1) Beweismittel sind vornehmlich die persönlichen Erklärungen des Beschuldigten, die Zeugenaussagen, die Gutachten der Sachverständigen, der Augenschein, Urkunden und die übrigen Beweisgegenstände.

(2) Ein Schwur ist im Verfahren nicht statthaft.

Zeugen

§ 54. (1) Als Zeuge ist derjenige zu vernehmen, der von der Sache, den Verhältnissen des Beschuldigten, sowie von den übrigen für die Sache bedeutsamen Tatsachen eine auf unmittelbarer Beobachtung beruhende Kenntnis hat.

(2) Die als Zeuge geladene Person ist verpflichtet, zur Vernehmung zu erscheinen, und — falls vom Gesetz keine Ausnahme gemacht wird — die Aussage zu machen.

(3) In der Vorladung kann der Zeuge auch aufgefordert werden, bestimmte Aufzeichnungen, Bücher, Schriften oder andere beim Verhör verwendbare in seinem Besitz befindliche Gegenstände mitzubringen.

§ 55. (1) Als Zeuge kann nicht vernommen werden:

a) der Verteidiger des Beschuldigten über Mitteilungen, die dieser ihm als seinem Verteidiger gemacht hat;

b) derjenige, von dem auf Grund seines körperlichen oder geistigen Gebrechens keine richtige Aussage zu erwarten ist.

(2) Die Aussage einer Person, die entgegen diesem Paragraphen vernommen worden ist, kann als Beweis nicht beachtet werden.

IV. Kapitel

§ 56. (1) Der Zeuge kann über eine Frage nicht verhört werden, die die Eigenschaft eines Staatsgeheimnisses hat oder der amtlichen bzw. dienstlichen Geheimhaltungspflicht unterliegt, sofern er von der Geheimhaltungspflicht nicht befreit worden ist.

(2) Die Geheimhaltungspflicht bleibt auch nach der Beendigung des ihr zugrunde liegenden Verhältnisses bestehen.

(3) Welche Behörde oder welches Organ in den einzelnen Fällen zur Entbindung von der Geheimhaltungspflicht befugt ist, wird durch Verordnung des Ministerrates bestimmt.

(4) Im Ersuchen um Enthebung von der Geheimhaltungspflicht sind die Fragen, bezüglich welcher um Enthebung ersucht wird, zu bezeichnen.

(5) Die Aussage eines entgegen diesem Paragraphen verhörten Zeugen kann als Beweis nicht in Betracht kommen.

§ 57. (1) Die Zeugenaussage kann verweigert werden:

a) vom Angehörigen im Sinne des § 29 StGBA,

b) von demjenigen, der sich oder seinen in § 29 StGBA bezeichneten Angehörigen bezüglich der damit verbundenen Frage einer strafbaren Handlung bezichtigen würde,

c) von einem Rechtsanwalt, einem Arzt oder von einer anderen Person, die auf Grund ihres Berufs zur Geheimhaltung verpflichtet ist, wenn sie durch die Zeugenaussage ihre Geheimhaltungspflicht verletzen würde, es sei denn, daß der Betroffene sie von dieser Pflicht entbunden hat.

(2) In den Fällen des Abs. 1 a), c) ist der Zeuge auf sein Verweigerungsrecht vor dem Verhör bzw. sogleich, wenn sich der Verweigerungsgrund herausstellt, aufmerksam zu machen. Daß dies erfolgt ist, sowie die Antwort des Zeugen darüber, daß er darauf aufmerksam gemacht worden ist, ist in das Protokoll aufzunehmen.

(3) Über die Berechtigung der Verweigerung der Zeugenaussage hat die das Verfahren durchführende Behörde zu entscheiden.

(4) Wird der Zeuge im Falle dieses Paragraphen, obwohl er sich begründeterweise auf seine Befreiung beruft, zur Aussage verpflichtet, oder werden die in Abs. 2 enthaltenen Bestimmungen nicht eingehalten, so kann die Aussage des Zeugen als Beweis nicht in Betracht kommen.

Sachverständige

§ 58. (1) Ist für die Feststellung oder Beurteilung der für die Sache bedeutsamen Tatsachen oder andersartigen Umstände eine besondere Fachkenntnis notwendig, so ist ein Sachverständiger zuzuziehen. Ist jemand als Sachverständiger bestellt worden, so hat er die Pflicht, vor der bestellenden Behörde zu erscheinen und — wenn das Gesetz keine Ausnahme zuläßt — in der Sache mitzuwirken und ein Sachverständigengutachten zu erstatten.

(2) Regelmäßig ist ein Sachverständiger zuzuziehen; doch können in besonders bedeutsamen oder verwickelten Angelegenheiten auch mehrere Sachverständige mitwirken.

(3) Der Sachverständige ist in der Regel aus der Reihe der ernannten ständigen Sachverständigen zu bestellen; ein anderer Sachverständiger kann nur bei Vorliegen eines schwerwiegenden Grundes zugezogen werden.

(4) Von der Bestellung des Sachverständigen sind — mit Angabe des Namens des Bestellten — die Parteien zu verständigen.

§ 59. (1) Als Sachverständiger kann derjenige nicht tätig sein, auf den ein im § 13 a), b), d), e) genannter Ausschließungsgrund zutrifft, sowie auch derjenige nicht, der in der Sache als Richter beteiligt war. Im übrigen sind auf den Sachverständigen die die Richter betreffenden Anordnungen entsprechend anzuwenden.

(2) Die Anordnungen der §§ 55—57 sind auch hinsichtlich der Sachverständigen entsprechend anzuwenden. Der Sachverständige kann von seiner Pflicht mit Rücksicht auf eine anderweitige Inanspruchnahme oder aus einem anderen triftigen Grund enthoben werden.

§ 60. (1) Der Justizminister kann im Verordnungsweg hinsichtlich einzelner strafbarer Handlungen und in Verbindung damit bezüglich der Vernehmung des Sachverständigen sowie der Einnahme des Augenscheins eingehende Verfahrensregeln vorschreiben.

(2) Der Justizminister kann im Verordnungswege verbindlich anordnen oder erlauben, daß das Gericht in Fragen, die einen bestimmten Fachkreis betreffen, statt der Bestellung eines Sachverständigen zum Zwecke der Begutachtung oder Überprüfung des Gutachtens des von ihm bestellten Sachverständigen, die in der Verordnung bezeichnete Sachverständigenkörperschaft oder Behörde bzw. das bezeichnete Organ hinzuzieht. Der Justizminister kann in diesem Fall das Verfahren auch abweichend von den die Sachverständigen betreffenden Anordnungen regeln.

Dolmetscher

§ 61. (1) Ist die im Verfahren zu verhörende Person der ungarischen Sprache nicht mächtig und ist die vernehmende Behörde in der von dieser gebrauchten Sprache nicht gehörig bewandert, so ist beim Verhör ein Dolmetscher zu verwenden.

(2) Ein Dolmetscher ist auch dann zu verwenden, wenn das Verhör einer tauben oder stummen Person durch schriftlichen Verkehr nicht möglich ist.

(3) Hinsichtlich des Dolmetschers sind die Anordnungen des Gesetzes über die Sachverständigen entsprechend anzuwenden.

Zwangsmittel gegen Zeugen und Sachverständige

§ 62. (1) Die das Verfahren durchführende Behörde kann den Zeugen oder Sachverständigen, der trotz vorschriftsmäßiger Ladung (Bestellung) nicht erschienen ist und sein Ausbleiben mit einem triftigen Grund nicht entschuldigt hat, oder den, der sich ohne Erlaubnis entfernt hat, vorführen lassen (§ 73) und ihn mit einer Geldbuße bis zu tausend Gulden belegen. In diesen Fällen ist der Zeuge oder Sachverständige zugleich zum Ersatz der durch ihn verursachten Kosten zu verpflichten. Im Falle eines erneuten Nichterscheinens oder sich Entfernens können gegen den Zeugen oder Sachverständigen die erwähnten Maßnahmen wiederholt angewandt werden.

(2) Für das Erscheinen eines Mitgliedes einer bewaffneten oder polizeilichen Körperschaft ist über seinen Vorgesetzten zu sorgen.

(3) Entschuldigt der Zeuge oder Sachverständige sein Ausbleiben (Sich-Entfernen) nach Anwendung der in Abs. 1 erwähnten Maßnahmen mit einem triftigen Grund, so sind die Maßnahmen aufzuheben.

(4) Die Berufung bzw. Beschwerde (§ 136), die sich gegen einen eine Geldbuße auferlegenden und zum Ersatz der Kosten verpflichtenden, sowie gegen einen die Außerkraftsetzung eines solchen ablehnenden Beschluß richtet, hat aufschiebende Wirkung.

§ 63. (1) Verweigert der Zeuge oder Sachverständige, nachdem er auf die Folgen hingewiesen wurde, die Zeugenaussage bzw. das Mitwirken und Begutachten ohne Angabe des Grundes oder trotz der Entscheidung der Behörde, so ist er zum Ersatz der Kosten zu verpflichten; er kann zugleich mit einer Geldbuße bis zu 1000 Gulden belegt werden.

(2) Die Berufung bzw. die Beschwerde (§ 136), die gegen die den Verweigerungsgrund verwerfende Entscheidung gerichtet ist, hat aufschiebende Wirkung.

(3) Wäre Geldbuße gegen Personen zu verhängen, die dem militärischen Strafverfahren unterworfen sind (§ 23 B Abs. 1), so wendet sich die vernehmende Behörde zum Zwecke der Abwicklung des Disziplinarverfahrens an den Vorgesetzten des Zeugen bzw. Sachverständigen.

Entlohnung von Zeugen und Sachverständigen

§ 64. (1) Der Zeuge hat Anspruch auf den Ersatz der ihm aus seinem Erscheinen notwendigerweise erwachsenden Kosten. Hierauf ist der Zeuge nach Beendigung der Einvernahme aufmerksam zu machen.

(2) Das festgesetzte Zeugengeld — im Höchstfalle der von dem Zeugen begehrte Betrag — wird von der vernehmenden Behörde auf der Stelle angewiesen. Wird der Zeuge aus einer anderen Gemeinde geladen, so können ihm die Reisekosten auch als Vorschuß angewiesen werden.

(3) Die Entlohnung der Sachverständigen wird durch den Justizminister geregelt.

Augenschein und Beweisgegenstände

§ 65. (1) Ein Augenschein hat stattzufinden, wenn zur Feststellung oder Ermittlung eines wesentlichen Umstandes die unmittelbare Beobachtung bzw. Untersuchung einer Person, eines Gegenstandes, einer Tatsache oder eines Schauplatzes nötig ist.

(2) Als Beweisgegenstand dient in der Sache ein Gegenstand, der als Mittel zur Begehung der strafbaren Handlung gedient hat, auf den sich die strafbare Handlung bezog oder der durch die strafbare Handlung hervorgebracht worden ist, ferner auch jeder andere Gegenstand, der zur Ermittlung der strafbaren Handlung oder des Täters oder Teilnehmers geeignet ist.

(3) Die Beweisgegenstände werden von der das Verfahren führenden Behörde aufbewahrt (Beweisstücke). Ist der Beweisgegenstand zur Aufbewahrung ungeeignet oder ist seine Aufbewahrung unnötig, so ist eine Beschreibung den Akten beizulegen, welche die mit der strafbaren Handlung zusammenhängenden Angaben enthält.

V. Kapitel

Allgemeine Verfahrensvorschriften

Fristen

§ 66. (1) Die Fristen sind nach Stunden, Tagen, Monaten oder Jahren zu rechnen.

(2) Bei der in Tagen festgesetzten Frist rechnet der Anfangstag nicht mit. Anfangstag ist der Tag, auf welchen die zum Anfang der Frist Anlaß gebende Handlung oder ein anderer Umstand (z. B. Zustellung, Verkündung) fällt.

(3) Die in Monaten oder Jahren festgesetzte Frist läuft an dem Tage ab, der der Zahl nach dem Anfangstag entspricht, wenn aber dieser Tag im Monat des Ablaufs fehlt, am letzten Tag des Monats.

(4) Fällt der letzte Tag der Frist auf einen arbeitsfreien Tag, so läuft die Frist erst am nächstfolgenden Arbeitstag ab.

§ 67. (1) Die Frist läuft mit dem Ende des letzten Tages ab; doch läuft die zur Einlegung einer an eine Behörde gerichteten Eingabe und zur Vornahme einer Handlung vor der Behörde festgesetzte Frist bereits mit dem Ende der Amtsstunden ab.

(2) Als Versäumung der Frist ist es nicht anzusehen, wenn die Eingabe am letzten Tag zur Post gegeben worden ist; doch kann wegen der hieraus entstandenen Verspätung die Verhandlung nicht aufgeschoben werden.

Wiedereinsetzung in den vorigen Stand

§ 68. (1) Hat die Partei eine Verhandlung oder einen anderen Termin oder eine Frist schuldlos versäumt, so kann den Folgen des Versäumnisses mittels Wiedereinsetzung in den vorigen Stand wieder abgeholfen werden.

(2) Das Wiedereinsetzungsgesuch kann binnen 8 Tagen eingelegt werden. Diese Frist ist vom versäumten Termin bzw. vom letzten Tag der versäumten Frist an zu rechnen. Ist aber die Versäumnis der Partei erst später zur Kenntnis gekommen oder ist das Hindernis erst später weggefallen, so beginnt die Frist für das Wiedereinsetzungsgesuch mit der Kenntnisnahme bzw. mit dem Wegfall des Hindernisses. Nach Ablauf von 6 Monaten kann ein Wiedereinsetzungsgesuch nicht mehr eingereicht werden.

§ 69. (1) Im Wiedereinsetzungsgesuch sind der Grund des Versäumnisses sowie die Umstände, die die Schuldlosigkeit des Versäumnisses wahrscheinlich machen, vorzutragen.

(2) Im Falle der Versäumung einer Frist ist im Wiedereinsetzungsgesuch zugleich auch die versäumte Handlung nachzuholen.

(3) Das Wiedereinsetzungsersuchen hat weder hinsichtlich der Fortsetzung des Verfahrens noch hinsichtlich der Vollstreckung der Entscheidung aufschiebende Wirkung. Erscheint aber der Erfolg des Wiedereinsetzungsersuchens wahrscheinlich, so kann die Aussetzung des Verfahrens von Amts wegen angeordnet werden.

§ 70. (1) Über das Wiedereinsetzungsgesuch entscheidet die Behörde, in deren Verfahren das Versäumnis vorgekommen war, im Falle der Versäumung einer Berufungsfrist aber die Behörde zweiter Instanz.

(2) Wird die Wiedereinsetzung in den vorigen Stand vom Gesetz ausgeschlossen oder ist das Wiedereinsetzungsgesuch verspätet eingelegt worden, so ist das Gesuch abzulehnen, ohne daß auf die Sache eingegangen wird. Dasselbe gilt auch für den Fall, daß der Ansuchende die versäumte Handlung nicht gleichzeitig mit dem Gesuch nachgeholt hat. Die Frage, ob die Voraussetzungen des Gesuchs vorliegen, ist nach den Grundsätzen der Billigkeit zu entscheiden.

(3) Wird dem Wiedereinsetzungsgesuch stattgegeben, so ist die Ersatzhandlung als innerhalb der versäumten Frist vorgenommen anzusehen; die im versäumten Termin durchgeführte Verhandlung aber ist im notwendigen Umfang zu wiederholen. Je nach dem Ergebnis der neuen Verhandlung ist zu entscheiden, ob die auf der Grundlage der versäumten Handlung ergangene Entscheidung aufrechtzuerhalten bzw. vollständig oder teilweise aufzuheben ist.

(4) Gegen die Entscheidung, die dem Wiedereinsetzungsgesuch stattgibt, findet kein Rechtsmittel statt.

Ladung — Vorführung

§ 71. (1) Die Ladung hat die Bezeichnung der ladenden Behörde, den Namen und die Wohnungsanschrift des Geladenen, den Ort und die Zeit des Erscheinens, die Mahnung an die Folgen des Fernbleibens, schließlich den Siegel der ladenden Behörde und die Unterschrift des Mitglieds der Behörde, die das Verfahren führt, zu enthalten. Der Geladene ist auch darüber zu unterrichten, in welcher Eigenschaft er zu erscheinen hat.

(2) Vor der Einreichung der Anklageschrift darf in der Ladung die dem Verfahren zugrunde liegende strafbare Handlung nicht bezeichnet werden. Nach der Einreichung der Anklageschrift ist in der Ladung auch die strafbare Handlung zu bezeichnen.

(3) Die Ladung ist dem Beschuldigten in einem geschlossenen Schreiben zuzustellen.

§ 72. Das Mitglied einer bewaffneten oder polizeilichen Körperschaft ist regelmäßig durch Vermittlung seines Vorgesetzten zu laden; hat aber der Geladene am Sitz der ladenden Behörde keinen Vorgesetzten und ist Gefahr im Verzug, so kann die Ladung unter gleichzeitiger Verständigung des Vorgesetzten auch unmittelbar erfolgen.

§ 73. (1) Erscheint der Beschuldigte, der Zeuge oder der Sachverständige trotz vorschriftsmäßiger Ladung nicht und entschuldigt er sein Ausbleiben nicht im voraus mit einem triftigen Grund oder ist die vorläufige Festnahme des Beschuldigten notwendig, so kann seine Vorführung angeordnet werden.

(2) Die Vorführung ist schriftlich anzuordnen. Sie hat die Bezeichnung der anordnenden Behörde, den Namen und die Wohnungsanschrift des Vorzuführenden, die dem Verfahren zugrunde liegende strafbare Handlung, den Grund der Anordnung der Vorführung, den Ort und die Zeit der Gestellung, das Siegel und die Unterschrift des Mitglieds der das Verfahren führenden Behörde zu enthalten.

(3) Das mit der Vorführung betraute behördliche Organ hat die Pflicht, den die Vorführung anordnenden Beschluß dem Vorzuführenden zuzu-

stellen und ihn — sofern es not tut, auch durch Anwendung von Gewalt — bei der Behörde vorzuführen.

(4) Soll ein Mitglied einer bewaffneten oder polizeilichen Körperschaft vorgeführt werden, so hat sich die anordnende Behörde an dessen Vorgesetzten zu wenden.

Ausfolgung von Schriftstücken — Zustellung

§ 74. (1) Hat der Beteiligte einen Bevollmächtigten, so sind die an ihn gerichteten Schriftstücke diesem zuzustellen.

(2) Die Ladung ist dem Geladenen, die Anklageschrift aber dem Beschuldigten auch dann zuzustellen, wenn er einen Bevollmächtigten bzw. einen Verteidiger hat.

§ 75. (1) Die Zustellung erfolgt nach den besonderen Vorschriften der Zustellung von Amtsschriften.

(2) Der Adressat kann das Schriftstück — sofern er die Identität seiner Person nachweist — auch bei der Behörde übernehmen.

(3) Kann nach der Vorschrift die Zustellung durch Bekanntmachung erfolgen, so ist das Schriftstück 15 Tage lang an der Bekanntmachungstafel der Behörde sowie am letzten Wohnort des Adressaten an der Bekanntmachungstafel des Ortsrates anzuschlagen. Das Schriftstück ist, nachdem es bei der die Bekanntmachung erlassenden Behörde angeschlagen worden ist, am 15. Tage als zugestellt zu betrachten.

Protokolle

§ 76. (1) Über die einzelnen Verfahrenshandlungen, darunter auch die Verhandlungen und Sitzungen der Gerichte, ist ein Protokoll aufzunehmen.

(2) In Gerichtsverhandlungen (in vorbereitender Sitzung) ist stets ein Protokollführer zu verwenden.

§ 77. (1) Im Protokoll ist anzugeben:

a) die dem Verfahren zugrunde liegende Sache;

b) Ort und Zeit des Verfahrens;

c) die Namen der anwesenden Mitglieder der Behörde und des Protokollführers, der anwesenden Parteien, des Verletzten und ihrer Vertreter sowie der gestellten gerichtlichen Zeugen;

d) die Tatsache, daß die Verhandlung bzw. die Sitzung eine öffentliche oder eine nichtöffentliche war.

(2) Im Protokoll sind der Gang des Verfahrens und die darin vorgefallenen Ereignisse kurz zu beschreiben, und zwar so, daß es nach dem Protokoll auch möglich ist festzustellen, ob das Verfahren den gesetzlich vorgeschriebenen formalen Anforderungen entspricht. Die Aussagen des Beschuldigten und der Zeugen, das Gutachten der Sachverständigen, das Ergebnis des Augenscheins sind erschöpfend zu Protokoll zu nehmen. Ist der genaue Wortlaut eines Ausdrucks oder einer Erklärung von Bedeutung, so ist dieser Wort für Wort zu Protokoll zu nehmen. Das Verfahrensprotokoll hat — mit Ausnahme des Urteils — auch die im Verlauf der Verhandlung ergangenen Entscheidungen zu enthalten.

(3) Verlangt irgendeine Partei, daß ein Umstand der Verhandlung oder eine während dieser abgegebene Erklärung zu Protokoll genommen werden soll, so kann hiervon nur dann abgesehen werden, wenn die Behörde

keine Kenntnis davon hat, daß der Umstand vorlag oder die Erklärung abgegeben wurde.

(4) Über die Beratung und die Abstimmung des Gerichts muß, sofern der Beschluß nicht einstimmig ist, ein besonderes Protokoll aufgenommen werden, welches in einem Umschlag verschlossen werden muß. In dieses Protokoll sowie in dessen Beilagen darf nur das zweitinstanzliche Gericht Einsicht nehmen.

§ 78. (1) Jeder Bogen des Protokolls wird von dem das Verfahren führenden Mitglied der Behörde und vom Protokollführer unterschrieben.

(2) Von den außerhalb der Verhandlung vernommenen Personen wird derjenige Teil des Protokolls, der sich auf ihr Verhör bezieht, nachdem er ihnen vorgelesen wurde, bogenweise unterschrieben; vor der Unterschrift kann die vernommene Person die Ergänzung oder Berichtigung des Protokolls verlangen.

(3) Sind im Verfahren Zeugen der Behörde verwendet worden, so wird das Protokoll auch von diesen unterschrieben.

(4) Wird im Falle des Abs. 2 und 3 die Unterschrift unter das Protokoll verweigert, so ist dieser Umstand und der Grund der Verweigerung zu verzeichnen.

(5) Über die Verhandlung und die Sitzung des Gerichts ist das Protokoll gleichzeitig aufzunehmen. In dem Fall, in dem die StPO für die schriftliche Abfassung des Urteils eine spätere Frist zuläßt (§ 171), kann das Protokoll auch innerhalb der zur schriftlichen Abfassung des Urteils zulässigen Frist fertiggestellt werden. Das über die Gerichtsverhandlung und die Sitzung aufgenommene Protokoll wird vom Vorsitzenden und dem Protokollführer unterschrieben.

§ 79. (Außer Kraft gesetzt durch § 20 StPON)

§ 80. (1) Vom Gericht kann die stenographische Aufzeichnung der ganzen Verhandlung oder eines Teiles angeordnet werden. Auf Antrag des Staatsanwalts ist die stenographische Aufzeichnung anzuordnen. Auf Antrag des Privatklägers, der Privatpartei, des Beschuldigten oder deren Vertreter kann die stenographische Aufzeichnung nur dann angeordnet werden, wenn die damit verbundenen Kosten beim Gericht auf der Stelle hinterlegt werden.

(2) Der Stenograph wird aus der Reihe der befähigten Stenographen vom Vorsitzenden des Senats bestellt. Auf die Stenographen sind die die Sachverständigen betreffenden Bestimmungen entsprechend anzuwenden.

(3) Die stenographische Aufzeichnung allein ersetzt das Verhandlungsprotokoll nicht.

§ 81. (1) Die Parteien und der Verletzte sowie deren Vertreter können in das Verhandlungsprotokoll und dessen Beilagen — mit Ausnahme des über die Beratung und die Abstimmung aufgenommenen Protokolls — Einsicht nehmen und Abschriften davon machen. Es ist jedoch unzulässig, von einem Protokoll über eine Verhandlung, von der die Öffentlichkeit zur Wahrung des Staatsgeheimnisses, des militärischen oder des Amtsgeheimnisses ausgeschlossen war, Abschriften zu machen.

(2) Den Parteien steht es frei, binnen drei Tagen nach der Fertigstellung des Gerichtsverhandlungsprotokolls um dessen Ergänzung oder

Berichtigung nachzusuchen. Über diesen Antrag entscheidet nach Anhörung des Protokollführers das Gericht.

Gerichtliche Entscheidungen

§ 82. (1) Das Gericht entscheidet in den vom Gesetz bezeichneten Fällen durch Urteile, in den übrigen Fällen durch Beschlüsse.

(2) Das Gericht fällt seine Urteile und sachentscheidenden Beschlüsse „im Namen der Volksrepublik".

(3) Die gerichtlichen Entscheidungen sind mit Gründen zu versehen; ausgenommen sind die Beschlüsse, in denen Ladungen angeordnet, Verhandlungstermine festgesetzt oder aufgeschoben werden sowie die Weisungen, die das zweitinstanzliche Gericht dem erstinstanzlichen oder das Gericht seinem eigenen Organ erteilt.

§ 83. (1) Das Gericht fällt seine Entscheidung nach erfolgter Beratung durch Abstimmung. Fehlt die Einstimmigkeit, so entscheidet die Stimmenmehrheit.

(2) Der jüngere Richter gibt seine Stimme vor dem älteren ab, während der Vorsitzende seine Stimme als letzter abgibt. Der bei der Abstimmung in der Minderheit gebliebene Richter hat das Recht, sein schriftliches Separatvotum dem Beratungsprotokoll (§ 77 Abs. 4) beizulegen.

(3) Entscheidet das Gericht nach diesem Gesetz in nicht öffentlicher Sitzung, so kann in der Sitzung außer dem Vorsitzenden und den Mitgliedern des Senats sowie dem Protokollführer niemand anderer anwesend sein.

§ 84. (1) Die gerichtliche Entscheidung ist den anwesenden Beteiligten durch Verkündung, andernfalls durch Zustellung bekanntzumachen.

(2) Wird die Entscheidung verkündet, so ist ihr Inhalt — soweit nötig — zu erklären.

§ 85. (1) Im Falle einer Namensverwechslung, einer fehlerhaften Namensabschrift, eines Zahl- oder Rechenfehlers oder eines anderen ähnlichen Versehens kann das Gericht die Berichtigung der Entscheidung entweder auf Antrag oder von Amts wegen — auch ohne Anhörung der Prozeßbeteiligten — jederzeit anordnen. Ebenso verfährt das Gericht auch dann, wenn die Entscheidung hinsichtlich der Anrechnung oder Nichtanrechnung der vorläufigen Festnahme auf die Strafe bzw. der Festsetzung des Anfangstages der Freiheitsstrafe einen offensichtlichen Fehler enthält.

(2) Der die Berichtigung anordnende Beschluß ist auf der Entscheidung und soweit möglich auch auf deren Ausfertigungen zu verzeichnen.

VI. Kapitel

Einleitung des Verfahrens — Ermittlungen

Einleitung des Verfahrens

§ 86. (1) Das Verfahren wird regelmäßig durch die Ermittlungen eingeleitet. Ermittlungen sind nur im Falle eines erheblichen Verdachtes einer strafbaren Handlung und auf Grund eines motivierten schriftlichen Beschlusses der zuständigen Ermittlungsbehörde statthaft.

(2) Ohne den Beschluß, der die Ermittlungen anordnet, können nur unaufschiebbare Ermittlungshandlungen vorgenommen werden; zu diesen gehören vor allem, außer wenn der Täter auf frischer Tat betroffen wird oder Fluchtverdacht besteht, die Festnahme des Beschuldigten, ferner bei Gefahr im Verzug oder zur Verhinderung eines Verbrechens die Sicherung des Tatorts und der Beweisstücke, Augenschein, Hausdurchsuchung, Leibesvisitation, Beschlagnahme usw.

(3) Von der Anordnung der Ermittlungen ist der zuständige Staatsanwalt unverzüglich zu benachrichtigen.

Anzeige

§ 87. (1) Jedermann ist befugt, die zu seiner Kenntnis gelangte strafbare Handlung anzuzeigen.

(2) Wird die Verfolgung eines Privatklagedelikts durch eine Rechtsnorm von der Anzeige eines bestimmten Organs abhängig gemacht, so wird die Anzeige auch durch die Entscheidung des obersten Staatsanwalts, welcher die Einleitung des Verfahrens anordnet, ersetzt.

(3) Die auf frischer Tat betroffene Person kann von jedermann festgenommen werden, jedoch ist er verpflichtet, diese zum nächsten Polizeiorgan oder Staatsanwalt zu begleiten; ist ihm dies nicht möglich, so hat er die Pflicht, eine der genannten Behörden unverzüglich zu benachrichtigen.

(4) Jede Behörde und jedes behördliche Vollstreckungsorgan ist verpflichtet, die strafbaren Handlungen, von denen sie in ihrem Zuständigkeitskreis Kenntnis erlangen, mit der Bezeichnung der Personen, die die Tat begangen haben, anzuzeigen. Sie haben auch die Pflicht, die in ihrem Besitz befindlichen Beweismittel der Anzeige beizulegen, sofern dies aber nicht möglich ist, für deren Aufbewahrung bzw. Unversehrtheit zu sorgen. Wird durch eine besondere Rechtsnorm die Anzeige dem Ermessen einer Behörde überlassen, so ist diese zur Anzeige nicht verpflichtet, während eine andere Behörde (behördliches Vollstreckungsorgan) aber in diesem Fall die Pflicht hat, die der Anzeige zugrunde liegenden Tatsachen der zur Anzeige befugten Behörde mitzuteilen.

(5) Diejenigen Fälle, in denen jedermann zur Anzeige verpflichtet ist, werden durch besondere gesetzliche Anordnungen festgelegt.

(6) Zur Anzeige von Antragsdelikten ist allein der Antragsberechtigte befugt; auf die Anzeige einer anderen Person kann in solchen Sachen keine Ermittlung vorgenommen werden.

§ 88. (1) Die Anzeige ist bei der Staatsanwaltschaft oder bei einer anderen Ermittlungsbehörde mündlich oder schriftlich zu erstatten. Zur Aufnahme der Anzeige ist auch das Gericht verpflichtet. Von der mündlich erstatteten Anzeige ist ein Protokoll aufzunehmen. Die Ermittlungsbehörde, bei der die Anzeige erstattet worden ist, ist zur Vornahme der unaufschiebbaren Ermittlungshandlungen auch dann verpflichtet, wenn sie hierzu nicht zuständig wäre.

(2) Ist die Anzeige nicht bei der in Abs. 1 bezeichneten Behörde erfolgt oder ist diese Behörde in der Sache für die Ermittlung nicht zuständig, so ist die Anzeige an die hierfür zuständige Behörde weiterzuleiten.

(3) Die vorstehenden Anordnungen sind auch für die Stellung des Strafantrages maßgebend. Jede Äußerung des Antragsberechtigten, in welcher er verlangt, daß der Täter oder Teilnehmer zur Verantwortung gezogen werde, ist als Antrag zu betrachten.

Ermittlungsbehörden

§ 89. Ermittlungsbehörden sind:
a) die Polizei,
b) die Staatsschutzorgane des Ministeriums des Innern,
c) die Staatsanwaltschaft.

§ 89 A. (1) Die in § 89 nicht bezeichneten Staatsverwaltungsorgane (Finanzwache, Zollwache usw.), die kraft einer besonderen Bestimmung zur Vornahme von Ermittlungshandlungen befugt sind, können, falls sie nicht besonders ermächtigt sind, auch in diesem Bereich nur die unaufschiebbaren Ermittlungshandlungen vornehmen. Ist ein Strafverfahren statthaft, so ist die zuständige Ermittlungsbehörde vom Ergebnis der unaufschiebbaren Ermittlungshandlungen zu benachrichtigen; das Ergebnis der Ermittlung ist der zuständigen Ermittlungsbehörde zu übergeben.

(2) Die Ermittlungsbehörden sind befugt, auch andere Staatsverwaltungsorgane mit der Vornahme von einzelnen Ermittlungshandlungen im Rahmen der Erforschung solcher strafbaren Handlungen zu betrauen, bei deren Verfolgung diese mitzuwirken verpflichtet sind.

Verweigerung der Ermittlungen

§ 90. (1) Die Vornahme der Ermittlungen ist zu verweigern, wenn sich bereits aus der Anzeige ergibt, daß die darin bezeichnete Handlung keine strafbare Handlung ist.

(2) Die Geisteskrankheit des Beschuldigten hindert die Vornahme der Ermittlungen nicht, wenn nach dem Strafgesetz eine sichernde Maßnahme (§ 49 StGBA) angewendet werden kann. Die Ermittlung zur Durchführung des in § 229 geregelten Verfahrens ist auch bei Vorliegen eines Strafausschließungs- oder Strafaufhebungsumstandes vorzunehmen, wenn eine Einziehung oder Vermögenseinziehung unabhängig von der Strafbarkeit statthaft ist.

(3) Über die Einstellung des Verfahrens entscheidet der Staatsanwalt bzw. die auf Grund ihrer Zuständigkeit das Verfahren durchführende Behörde. Bezieht sich die Anzeige auf eine Handlung, die vom Gesetz mit einer schwereren als einer einjährigen Freiheitsstrafe bedroht ist, und führt in der Sache nicht der Staatsanwalt die Untersuchung, so ist zur Einstellung des Verfahrens die Zustimmung des Staatsanwalts notwendig.

(4) Von der Einstellung des Verfahrens ist unter gleichzeitiger Zustellung der begründeten Entscheidung und des Hinweises auf die Anordnungen des nächsten Absatzes der Verletzte sowie derjenige, der die Anzeige gemacht oder den Antrag gestellt hat, zu benachrichtigen.

(5) Der Verletzte kann gegen die Verweigerung der Ermittlungen beim Staatsanwalt, wenn der verweigernde Beschluß vom Staatsanwalt ergangen oder von ihm bestätigt worden ist, bei dem diesem vorgesetzten Staatsanwalt (§ 136) Beschwerde einlegen.

(6) Die Verweigerung der Ermittlungen schließt nicht aus, daß von der Behörde in derselben Sache später Ermittlungen angestellt werden.

Vornahme der Ermittlungen

§ 91. (1) Bei den Ermittlungen ist für die Feststellung der Person des Täters oder Teilnehmers, wenn Fluchtgefahr besteht, für deren Verhinderung, für die Vernehmung des Beschuldigten und der Zeugen, für die Beschaffung und Sicherung der Beweisgegenstände, im Notfall für die Einnahme des Augenscheins, die Vernehmung der Sachverständigen sowie für die Klärung der weiteren, für den Erfolg des Verfahrens notwendigen Umstände auf eine andere geeignete Weise Sorge zu tragen.

(2) Die Ermittlungsbehörde ist befugt, vom Schauplatz der Ermittlungen jeden zu entfernen, dessen Gegenwart das Verfahren hindern oder dessen Erfolg gefährden würde.

(3) Denjenigen, der die Ordnung des Verfahrens stört, kann die Ermittlungsbehörde mit einer Geldbuße bis zu tausend Gulden belegen.

§ 91 A. (1) Die Ermittlungen sind, von der Anordnung derselben an gerechnet, binnen eines Monats abzuwickeln. In Ausnahmefällen, wenn dies durch die besondere Schwierigkeit der Sache oder durch ein unabwendbares Hindernis begründet ist, kann der Komitatsstaatsanwalt die Dauer der Ermittlungen auf einen weiteren Monat verlängern.

(2) Bei Verbrechen gegen die Volksrepublik können die Ermittlungen zwei Monate lang dauern.

(3) Der oberste Staatsanwalt kann die Erlaubnis dazu erteilen, daß die Ermittlungen länger als zwei Monate dauern.

§ 91 B. (1) Stehen der Ermittlungsbehörde genügend Angaben zur Verfügung, um festzustellen, wer die strafbare Handlung begangen hat, so hat sie über die Strafverfolgung dieser Person als Beschuldigten eine begründete Entscheidung zu treffen. Die Entscheidung muß die Personalien des Beschuldigten und die kurzgefaßte Beschreibung der strafbaren Handlung enthalten.

(2) Die Entscheidung über die Strafverfolgung des Beschuldigten ist ihm binnen achtundvierzig Stunden nach der Beschlußfassung mitzuteilen, wobei er über den Inhalt der Entscheidung zu vernehmen ist.

Vernehmung des Beschuldigten

§ 92. (1) Der Beschuldigte ist in der Regel am Ort, an dem das Verfahren geführt wird, zu vernehmen, doch kann die Behörde die Vernehmung mit Rücksicht auf das Alter, die Krankheit, das körperliche Gebrechen oder auch sonst aus Zweckmäßigkeitsgründen am Aufenthaltsort des Beschuldigten vornehmen.

(2) Der Beschuldigte ist bei seinem Erscheinen auf Grund seiner Ladung bzw. seiner Vorführung auf der Stelle zu vernehmen.

(3) Der festgenommene Beschuldigte ist binnen vierundzwanzig Stunden zu vernehmen. Diese Frist ist von dem Zeitpunkt an zu rechnen, in dem der Beschuldigte bei der vernehmenden Behörde gestellt worden ist.

(4) Ist der Beschuldigte beim Staat oder bei einem staatlichen Unternehmen angestellt und erscheint die Fortsetzung des Verfahrens auch nach

seiner ersten Vernehmung als notwendig, so ist sein Vorgesetzter von der Einleitung der Ermittlungen zu benachrichtigen.

§ 93. (1) Die Beschuldigten sind einzeln zu vernehmen, wobei dafür zu sorgen ist, daß sie nicht untereinander in Verkehr treten.

(2) Bei der Vernehmung des Beschuldigten kann außer dem vernehmenden Mitglied der Behörde und dem Protokollführer in der Regel niemand anwesend sein.

§ 94. (1) Zu Beginn der Vernehmung ist der Beschuldigte über seinen Namen, die Zeit und den Ort seiner Geburt, seinen Wohnort, seine Beschäftigung, seine Staatsbürgerschaft, seine Familien- und Erwerbs- bzw. Vermögensverhältnisse, den Namen seiner Eltern sowie darüber zu befragen, ob er vorbestraft ist und im bejahenden Fall wann, wo und wofür er bestraft worden ist.

(2) Der Beschuldigte ist eingehend zu verhören; dabei ist ihm Gelegenheit zu geben, seine Verteidigung zusammenhängend darzulegen.

(3) Ist der Beschuldigte von der Geheimhaltungspflicht nicht entbunden worden, so darf er über einen Umstand, der ein Staatsgeheimnis ist bzw. einer amtlichen oder dienstlichen Geheimhaltungspflicht unterliegt, nicht verhört werden; insoweit sind die Bestimmungen des § 56 auch auf den Beschuldigten entsprechend anzuwenden.

(4) Verweigert der Beschuldigte die Aussage, so ist er darauf aufmerksam zu machen, daß sein Verhalten die Fortsetzung des Verfahrens nicht hindert, daß er sich jedoch damit der Verteidigung begibt. Durch Gewalt, Drohung oder andere Zwangsmittel darf der Beschuldigte nicht zur Aussage oder zum Geständnis gezwungen werden.

§ 95. (1) Widersprechen sich die Aussagen der Beschuldigten, so ist die Klärung des Widerspruchs notfalls durch Gegenüberstellung zu versuchen.

(2) Für die Gegenüberstellung des Beschuldigten mit einem Zeugen ist § 110 Abs. 2 maßgebend.

§ 96. (1) Die Aussage des Beschuldigten ist in der Form der ersten Person und in der nötigen eingehenden Weise zu Protokoll zu nehmen.

(2) Dem Beschuldigten kann auf seine Bitte gestattet werden, seine Aussage auch eigenhändig schriftlich zu machen; die schriftliche Aussage ist dem Protokoll beizufügen.

Vorläufige Festnahme

§ 97. (1) Eine vorläufige Festnahme kann nur dann angeordnet werden:

a) wenn die Person des bei der Tat betroffenen Beschuldigten nicht festzustellen ist;
b) wenn der Beschuldigte die Flucht ergriffen hat, sich vor den Behörden verborgen hält oder wenn in Anbetracht der Schwere der Strafe der ihm zur Last gelegten Handlung oder aus einem anderen Grunde zu befürchten ist, daß er flieht oder sich verborgen hält;
c) wenn Gründe anzunehmen sind, daß der Beschuldigte, wenn er auf freiem Fuß bleibt, die Klärung der strafbaren Handlung vereiteln oder erschweren würde;
d) wenn der Beschuldigte während des Verfahrens ein neues Verbrechen begangen hat sowie auch dann, wenn auf Grund einer Äußerung des

Beschuldigten oder aus einem anderen Grunde zu befürchten ist, daß er, falls er auf freiem Fuß bleibt, das von ihm versuchte oder vorbereitete Verbrechen zu Ende führen oder ein neues Verbrechen begehen würde.

(2) Auf Grund des Abs. 1 b) und c) ist keine vorläufige Festnahme statthaft, wenn das Verfahren ausschließlich wegen einer strafbaren Handlung eingeleitet ist, die vom Gesetz mit einer Geldstrafe als Hauptstrafe bedroht ist.

(3) Wegen Antragsdelikten kann vor der Antragstellung keine vorläufige Festnahme erfolgen.

§ 98. (1) Die vorläufige Festnahme wird während der Ermittlungen vom Staatsanwalt oder mit der Bestätigung des Staatsanwalts von einer anderen Ermittlungsbehörde, nach der Einreichung der Anklageschrift aber vom Gericht angeordnet.

(2) Die vorläufige Festnahme ist in einem schriftlichen Beschluß anzuordnen. Dieser hat die Bezeichnung der Person des Beschuldigten und die dem Verfahren zugrunde liegende strafbare Handlung sowie auch den Grund der vorläufigen Festnahme zu enthalten.

(3) Mitglieder von bewaffneten oder polizeilichen Körperschaften können nur von der militärischen Ermittlungsbehörde festgenommen werden, es sei denn, daß sie auf frischer Tat betroffen werden, daß sie flüchtig sind oder Fluchtgefahr besteht.*)

(4) Von der vorläufigen Festnahme einer beim Staat oder bei einem staatlichen Unternehmen angestellten Person ist deren Vorgesetzter unverzüglich zu benachrichtigen.

§ 99.**) (1) Der Beschuldigte kann von den im § 89 a)—b) bezeichneten Ermittlungsbehörden für die Dauer von vierundzwanzig Stunden in Haft behalten werden. Diese Zeitdauer kann, wenn die Staatsanwaltschaft binnen vierundzwanzig Stunden der Anordnung der Festnahme zustimmt, um weitere achtundvierzig Stunden verlängert werden. Der Beschuldigte kann über zweiundsiebzig Stunden nur auf Grund einer mit staatsanwaltschaftlicher Zustimmung angeordneten vorläufigen Festnahme in Haft behalten werden; in Ermangelung dessen ist der Beschuldigte aus der Haft zu entlassen.

(2) Die vom Staatsanwalt angeordnete oder bestätigte vorläufige Festnahme dauert bis zur vorbereitenden Sitzung, höchstens jedoch einen Monat. Ist die Sache besonders verwickelt, so kann der Komitatsstaatsanwalt die vorläufige Festnahme für einen weiteren Monat verlängern.

(3) Im Falle von Verbrechen gegen die Volksrepublik kann die Dauer der vorläufigen Festnahme zwei Monate betragen.

(4) Die vorläufige Festnahme kann nach Ablauf von zwei Monaten nur vom obersten Staatsanwalt aufrechterhalten werden.

(5) Gegen die während der Ermittlungen angeordnete vorläufige Festnahme kann beim oberen Staatsanwalt Beschwerde geführt werden.

§ 100. (1) Ist der Beschuldigte im Zeitpunkt der Einreichung der Anklageschrift vorläufig festgenommen, so hat das Gericht über die Frage der Aufrechterhaltung oder Aufhebung der vorläufigen Festnahme binnen drei Tagen in vorbereitender Sitzung zu entscheiden.

---

*) Vgl. Nachtrag § 3.
**) Vgl. Nachtrag § 11.

(2) Die vom Gericht vor der erstinstanzlichen Entscheidung in der Sache selbst angeordnete oder auf der Grundlage des Abs. 1 aufrechterhaltene vorläufige Festnahme kann bis zur Verkündung der erstinstanzlichen Entscheidung in der Sache selbst, falls aber eine der Prozeßparteien sich zur Einlegung der Berufung eine Bedenkzeit vorbehalten hat (§ 189), bis zur Einlegung der Berufung dauern.

§ 101. (Ist durch § 30 StPON außer Kraft gesetzt worden.)

§ 102. (1) Die von der in § 89 a)—b) bezeichneten Ermittlungsbehörde angeordnete vorläufige Festnahme wird, solange der Beschuldigte nicht dem Staatsanwalt übergeben worden ist, von der die Festnahme anordnenden Ermittlungsbehörde vollstreckt; im übrigen ist die Vollstreckung der vorläufigen Festnahme Aufgabe des Staatsanwalts.

(2) Der vorläufig festgenommene Beschuldigte ist möglichst von anderen abgesondert zu halten. Ist dafür keine Möglichkeit vorhanden, so ist dafür Sorge zu tragen, daß die Täter oder Teilnehmer derselben strafbaren Handlung getrennt gehalten werden.

(3) Die Korrespondenz der vorläufig festgenommenen Beschuldigten wie überhaupt der Verkehr mit anderen Personen steht unter Kontrolle. Mit seinem Verteidiger kann der vorläufig festgenommene Beschuldigte ohne Kontrolle verkehren; ist aber zu befürchten, daß diese Art des Verkehrs den Erfolg des Verfahrens vereiteln kann, so ist auch der Verkehr mit dem Verteidiger entsprechend zu kontrollieren.

§ 103. (1) Die Behörde hat darauf zu achten, daß die vorläufige Festnahme von möglichst kürzester Dauer sei; dies ist auch durch die unverzügliche Vornahme der Ermittlungen zu fördern.

(2) Die Festnahme ist im Falle der Einstellung der Ermittlungen (§ 133) unverzüglich aufzuheben, so auch dann, wenn das Gericht in der Sache, die der vorläufigen Festnahme zugrunde gelegen hat, ein rechtskräftiges freisprechendes Urteil gefällt oder die Einstellung des Verfahrens rechtskräftig beschlossen hat, schließlich stets, sobald der Grund zur vorläufigen Festnahme (§ 97) nicht mehr besteht oder ihre Höchstdauer abgelaufen ist.

(3) Die vorläufige Festnahme kann bis zur Einreichung der Anklageschrift von derjenigen Behörde aufgehoben werden, bei welcher der Beschuldigte in Haft ist. Wird die vorläufige Festnahme des Beschuldigten nicht vom Staatsanwalt aufgehoben, so ist dieser von der Aufhebung unverzüglich zu benachrichtigen. Nach der Einreichung der Anklageschrift beschließt über die Aufhebung das Gericht.

(4) Von der Aufhebung der vorläufigen Festnahme ist der Vorgesetzte des beim Staat oder bei einem staatlichen Unternehmen angestellten Beschuldigten zu benachrichtigen.

(5) Der Geisteskranke, der sich in gemeingefährlichem Zustand befindet, ist im Falle der Aufhebung seiner vorläufigen Festnahme, ohne daß er auf freien Fuß gesetzt würde, in vorläufige Sicherungsverwahrung zu nehmen; liegt aber hierzu kein Grund vor, so ist seine Unterbringung in einer Irrenanstalt zu verfügen.

§ 104. Die zur Anordnung der vorläufigen Festnahme befugte Behörde (§ 98) kann, falls es begründet ist, statt der Anordnung der vorläufigen

Festnahme dem auf freiem Fuß befindlichen Beschuldigten untersagen, seinen Wohnsitz ohne Erlaubnis zu verlassen. Hierüber erläßt die Behörde einen begründeten Beschluß, dessen Zurkenntnisnahme der Beschuldigte mit seiner Unterschrift bestätigt. Falls dieses Verbot verletzt wird, kann der Beschuldigte vorläufig festgenommen werden; darüber ist er gleichzeitig mit dem Verbot zu unterrichten.

Anordnung der vorläufigen Sicherungsverwahrung des geisteskranken Beschuldigten

§ 105. Der Staatsanwalt kann verfügen, daß der geisteskranke Beschuldigte, der voraussichtlich in Sicherungsverwahrung zu nehmen ist (StGBA § 49), verwahrt werden soll und ihn zur vorläufigen Sicherungsverwahrung in ein hierzu bestimmtes Institut einweisen. Die für die Dauer und die Vollstreckung der vorläufigen Festnahme geltenden Vorschriften sind auch hinsichtlich der vorläufigen Sicherungsverwahrung entsprechend anzuwenden.

Verfahren gegen einen abwesenden Beschuldigten

§ 106. (1) Ermittlungshandlungen sind nicht deswegen ausgeschlossen, weil der Beschuldigte sich an einem unbekannten Ort aufhält. In diesem Fall sind Maßnahmen zur Ermittlung des Wohnorts des Beschuldigten zu ergreifen. Ist das Verfahren aber wegen eines Verbrechens eingeleitet, das vom Gesetz mit einer schwereren Strafe als einem Jahr Kerker bedroht ist, so kann gegen den Beschuldigten ein Haftbefehl erlassen werden.

(2) Zur Anordnung der Wohnortsermittlung ist jede Ermittlungsbehörde, zum Erlaß des Haftbefehls der Staatsanwalt, bis zur Übergabe der Ermittlungsakten an den Staatsanwalt bzw. an das Gericht aber mit Genehmigung des Staatsanwalts auch eine andere Ermittlungsbehörde befugt.

(3) Die Behörden und behördlichen Organe sind verpflichtet, falls sie vom Aufenthaltsort eines Beschuldigten, gegen den Wohnortsermittlung angeordnet ist, Kenntnis erlangen, die Behörde, die die Ermittlung des Wohnorts angeordnet hat, vom Aufenthaltsort des Beschuldigten zu verständigen.

(4) Der Beschuldigte, gegen den ein Haftbefehl erlassen worden ist, ist im Falle seiner Auffindung in Haft zu nehmen und unverzüglich bei der den Haftbefehl erlassenden bzw. bei der im Haftbefehl bezeichneten Behörde vorzuführen.

(5) Die Aufenthaltsermittlungsverfügung bzw. der Haftbefehl ist zurückzunehmen, sobald der Grund für ihre Anordnung bzw. ihre Erlassung nicht mehr besteht.

§ 107. Sind die Maßnahmen zur Inhaftierung des Beschuldigten bzw. zur Ermittlung seines Aufenthaltsortes erfolglos geblieben, so ist das Verfahren unter Sicherung der Beweise auszusetzen, bis neue Beweise gefunden werden bzw. bis der Beschuldigte gestellt werden kann. Diese Vorschrift steht dem Verfahren der Einziehung bzw. Vermögenseinziehung (§ 229) nicht entgegen; die Einleitung des letzteren Verfahrens hat aber, sofern ein solches stattfinden kann, gleichzeitig mit der Aussetzung zu erfolgen.

§ 108. Der Fortsetzung der Ermittlungen und der Beweissicherung steht auch nicht im Wege, daß der Beschuldigte sich im Ausland befindet. Kann die Auslieferung erfolgen, so wendet sich der Staatsanwalt an das Gericht, damit die für den Haftbefehl und die Auslieferung nötigen Verfügungen ergehen können.

Vernehmung von Zeugen und Sachverständigen

§ 109. (1) Die in § 92 Abs. 1 und 2 sowie in § 93 enthaltenen Vorschriften sind auch bei der Vernehmung von Zeugen entsprechend anzuwenden.

(2) Vor Beginn des Verhörs ist der Zeuge auf die Folgen der falschen Zeugenaussage aufmerksam zu machen.

(3) Zu Beginn des Verhörs ist der Zeuge über seinen Namen, sein Alter, seinen Geburts- und Wohnort, seine Beschäftigung sowie darüber zu befragen, in welchem Verhältnis er zu den Prozeßparteien bzw. zu dem Verletzten steht, ebenso auch darüber, ob er als Folge der strafbaren Handlung einen Schaden erlitten hat und ob er deshalb oder aus einem anderen Grunde befangen ist. Zur Beantwortung dieser Fragen ist der Zeuge auch dann verpflichtet, wenn er im übrigen zur Verweigerung des Zeugnisses berechtigt ist.

§ 110. (1) Sodann ist der Zeuge ausführlich zu verhören; es ist auch darüber Klarheit zu schaffen, auf welche Weise er von seinen Angaben Kenntnis erlangt hat.

(2) Steht die Aussage des Zeugen mit derjenigen des Beschuldigten im Widerspruch oder ist ein solcher unter den Aussagen der verschiedenen Zeugen vorhanden, so ist der Versuch zu machen, den Widerspruch durch Gegenüberstellung zu klären.

(3) Die Vorschriften des § 96 sind auch bei der Vernehmung des Zeugen entsprechend anzuwenden.

§ 111. (1) Vor Beginn der Vernehmung des geladenen Sachverständigen ist seine Personenidentität sowie sein Verhältnis zu den Prozeßparteien bzw. zu dem Verletzten festzustellen und zu klären, ob mit Rücksicht hierauf oder sonst für ihn kein Ausschließungsgrund besteht; der nicht ständige Sachverständige ist auch auf die Folgen des falschen Gutachtens aufmerksam zu machen.

(2) Hiernach wird der Sachverständige von der Behörde mit den Fragen, über die er ein Gutachten abzugeben hat, bekannt gemacht.

(3) Bezüglich einzelner an den Sachverständigen zu richtende Fragen kann auch der Beschuldigte Anträge stellen.

§ 112. (1) Dem Sachverständigen sind alle Angaben zu machen, die er zur Erfüllung seiner Aufgabe benötigt. Zu diesem Zweck ist er befugt, in die Akten Einsicht zu nehmen, bei den Verhören zugegen zu sein, an den Beschuldigten, den Zeugen und die übrigen Sachverständigen unmittelbar Fragen zu richten, auch eine weitere Beweisaufnahme zu beantragen, sofern dies zur Erfüllung seiner Aufgabe nötig ist.

(2) Die Behörde kann anordnen, daß der Sachverständige die zur Abgabe des Gutachtens notwendige Untersuchung in Abwesenheit der Behörde vornimmt.

(3) Hat der Sachverständige einen Gegenstand oder Stoff zu untersuchen, der infolge der Untersuchung einer Veränderung oder dem Untergang ausgesetzt ist, so ist — soweit dies möglich ist — ein Teil davon in seiner ursprünglichen Form zu erhalten.

§ 113. (1) Der Sachverständige trägt seine Feststellungen (den Befund) und sein Gutachten nach der Beobachtung bzw. der Untersuchung mündlich vor oder unterbreitet sie schriftlich innerhalb der von der Behörde festgesetzten Frist.

(2) Sind es mehrere Sachverständige, so können sie sich vor der Begutachtung miteinander beraten; stimmen die Gutachten überein, so können sie das Gutachten auch gemeinschaftlich erstatten.

(3) An den Sachverständigen können bezüglich des Gutachtens nach dessen Abgabe Fragen gestellt werden.

(4) Ist der Befund oder das Gutachten unklar, mangelhaft oder hat es den Anschein, daß es mit sich selbst, mit dem Befund eines anderen Sachverständigen oder mit bewiesenen Tatsachen im Widerspruch steht, oder können bezüglich der Richtigkeit sonstige triftige Zweifel aufkommen, so hat der Sachverständige die Pflicht, nach Aufforderung durch die Behörde den nötigen Aufschluß zu erteilen; hat dies aber keinen Erfolg, so ist ein anderer Sachverständiger zur Begutachtung aufzufordern.

(5) In fachlichen Fragen, für deren Überprüfung der Justizminister nach § 60 Abs. 2 eine entsprechende Fachkörperschaft, eine Behörde oder ein entsprechendes Organ bezeichnet hat, ist statt der Einholung des Gutachtens eines anderen Sachverständigen die Überprüfung des Gutachtens anzuordnen.

§ 114. (1) Die das Verfahren führende Behörde kann, wenn dadurch das Verfahren nicht behindert wird, neben dem Sachverständigen auf Antrag des Beschuldigten die Vernehmung auch eines von diesem bezeichneten anderen Sachverständigen anordnen. In einer Frage, in der die Überprüfung des Gutachtens stattfinden kann, ist der vom Beschuldigten bezeichnete Sachverständige nach Möglichkeit vor der Überprüfung (§ 113 Abs. 5) zu vernehmen.

(2) Ist über die Frage der Sicherungsverwahrung zu entscheiden, so ist auf Antrag des Beschuldigten sowie dessen gesetzlichen Vertreters oder Ehegatten auch die Mitwirkung eines anderen Sachverständigen zu erlauben.

(3) Der auf Antrag des Beschuldigten bestellte Sachverständige kann bei dem Augenschein zugegen sein, er kann bezüglich des Umfangs und der Art der Durchführung desselben Anträge stellen, seine Bemerkungen über den Augenschein, den Befund und das Gutachten zu Protokoll nehmen lassen oder schriftlich einreichen.

Augenschein

§ 115. (1) Die beim Augenschein beobachteten Tatsachen sind genau festzustellen. Vom Gegenstand des Augenscheins ist nach Möglichkeit ein Lichtbild, eine Zeichnung oder eine Skizze zu verfertigen und dem Protokoll beizulegen.

(2) Der Augenschein ist in Gegenwart von zwei behördlichen Zeugen einzunehmen; besteht jedoch der Augenschein ausschließlich in einer Untersuchung durch Sachverständige, so bedarf es der Zuziehung behördlicher Zeugen nicht.

§ 116. (1) Jedermann ist verpflichtet, den in seinem Besitze befindlichen Gegenstand auf Aufforderung zum Zwecke des Augenscheins zur Verfügung zu stellen. Die Verletzung dieser Pflicht zieht dieselben Folgen nach sich, wie die Verweigerung des Zeugnisses.

(2) Ist der Gegenstand des Augenscheins überhaupt nicht oder nur mit erheblichen Schwierigkeiten oder mit erheblichem Kostenaufwand zu der Behörde zu schaffen, so ist der Augenschein an Ort und Stelle vorzunehmen.

Beschlagnahme

§ 117. (1) Gegenstände, die in der Sache als Beweisgegenstände verwendet werden können (§ 65), sowie solche, die nach dem Gesetz der Einziehung unterliegen, sind zu beschlagnahmen.

(2) Auch außer dem Fall des Abs. 1 sind die während des Verfahrens aufgefundenen Gegenstände zu beschlagnahmen, die Beiweise für eine andere strafbare Handlung sind oder deren Besitz einer Rechtsnorm widerspricht.

(3) Die Beschlagnahme ist nicht dadurch ausgeschlossen, daß der Gegenstand im Besitz einer Behörde oder einer anderen öffentlichen Gemeinschaft ist. Doch können derartige Gegenstände, sofern sie bei der Tätigkeit der öffentlichen Gemeinschaft benötigt werden, auch im Falle ihrer Beschlagnahme in deren Verwahrung belassen werden.

(4) Die Beschlagnahme erfolgt während der Ermittlungen durch Verfügung der Behörde, die dies Verfahren führt. Briefe und Depeschen können — solange sie dem Adressaten nicht zugestellt worden sind — nur auf Grund eines schriftlichen Beschlusses des Staatsanwalts beschlagnahmt werden. Bis zur Ausfertigung der Entscheidung kann nur ihre Zurückhaltung angeordnet werden.

(5) Für die Beschlagnahme von Sendungen, die einem öffentlichen Verkehrsunternehmen zum Transport übergeben worden sind, kann der Justizminister im Einvernehmen mit dem Minister des Innern sowie mit dem Minister für Verkehrs- und Postwesen im Verordnungswege eingehende Vorschriften erlassen.

§ 118. (1) Der beschlagnahmte Gegenstand wird von der Behörde als Strafverfahrensdeposit hinterlegt. Ist der Gegenstand hierzu nicht geeignet oder ist ein anderer wichtiger Grund für die Belassung an Ort und Stelle vorhanden, so ist für die Aufbewahrung in einer anderen Weise zu sorgen.

(2) Die beschlagnahmten Gegenstände sind im Protokoll oder in einem diesem angeschlossenen besonderen Verzeichnis genau zu verzeichnen, wobei die Beschlagnahme dem Besitzer des Gegenstandes schriftlich zu bestätigen ist.

§ 119. (1) Gegenstände, die einem raschen Verderb ausgesetzt sind, sowie solche, deren Verwaltung mit einem erheblichen Kostenaufwand verbunden ist, sind im Falle ihrer Beschlagnahme auf der Stelle zu verwerten.

(2) Die Vorschriften über die Verwertung werden vom Justizminister in einer Verordnung erlassen. Der Justizminister kann im Verordnungsweg den Kreis jener Gegenstände bestimmen, die im Falle ihrer Beschlagnahme, auch wenn sie nicht dem Abs. 1 unterliegen, auf der Stelle zu verwerten sind.

(3) Sind im Sinne der vorstehenden Vorschriften Gegenstände verwertet worden, so ist deren Wert in Geld als Strafverfahrensdeposit zu hinterlegen; im Falle der Aufhebung der Beschlagnahme kann der Berechtigte auf den Gegenwert einen Anspruch haben.

§ 120. (1) Der Besitzer kann, wenn er den zu beschlagnahmenden Gegenstand auch nach Aufforderung nicht herausgibt, mit einer Geldbuße bis zu tausend Gulden belegt werden. § 63 Abs. 2 ist auch hier anzuwenden.

(2) Gegen den Beschuldigten ist auf Grund der vorstehenden Bestimmung keine Geldbuße statthaft. Dasselbe gilt auch für einen anderen Besitzer des Gegenstandes in demselben Umfang, in dem der Besitzer von seiner Aussagepflicht als Zeuge befreit ist. Das Mitglied einer bewaffneten oder polizeilichen Körperschaft ist im Wege über seinen Vorgesetzten zur Herausgabe des Gegenstandes anzuhalten.

(3) Der vom Besitzer nach der Aufforderung nicht herausgegebene Gegenstand kann auch durch Haus- oder Leibesvisitation herbeigeschafft werden.

§ 121. (1) Die Beschlagnahme ist in der Regel in Gegenwart derjenigen Person oder deren Bevollmächtigten vorzunehmen, gegen die die Maßnahme angewandt wird. Ist der Betroffene abwesend und hat er keinen Bevollmächtigten, so bestellt das handelnde Organ zum Schutz seiner Interessen einen Vertreter.

(2) Die Beschlagnahme ist in Gegenwart von zwei behördlichen Zeugen vorzunehmen.

§ 122. (1) Die Beschlagnahme ist — sofern die Sache nicht eingezogen wird — aufzuheben, sobald sie im Interesse des weiteren Verfahrens nicht mehr notwendig ist.

(2) Die Aufhebung der Beschlagnahme ordnet diejenige Behörde an, bei der das Verfahren schwebt.

§ 123. (1) Wird die Beschlagnahme aufgehoben, so ist die Sache demjenigen zurückzuerstatten, bei dem sie beschlagnahmt worden ist. Ist die Sache aber beim Beschuldigten oder bei jemandem beschlagnahmt worden, der sie vom Beschuldigten übernommen hat, so kann sie dem Beschuldigten bzw. dem Übernehmer nur dann herausgegeben werden, wenn bei der Behörde kein anderer den begründeten Herausgabeanspruch geltend macht oder nach dem Ergebnis des Verfahrens ein solcher Anspruch nicht vorzuliegen scheint; ist ein solcher Anspruch gegeben, so ist die Sache demjenigen herauszugeben, der sein Eigentum zweifelsfrei — im Notfalle durch die Entscheidung eines Zivilgerichts — nachweist.

(2) Gebührt die beim Beschuldigten beschlagnahmte Sache nach den Angaben des Verfahrens ohne Zweifel einem anderen, dessen Person jedoch nicht festzustellen ist, so ist der Anspruchsberechtigte durch eine an der Ankündigungstafel der Behörde anzuschlagende Bekanntmachung aufzufordern, sich zu melden. Meldet sich der Anspruchsberechtigte, so ist Abs. 1 anzuwenden. Meldet sich binnen sechs Monaten nach Anschlag der Bekanntmachung kein Anspruchsberechtigter, so verfällt das Eigentum an der Sache dem Staat, doch kann der sich später meldende Anspruchsberechtigte während der Verjährungsfrist verlangen, daß ihm die Sache in dem Zustand zurückgegeben wird, in dem sie sich zu diesem Zeitpunkt befindet bzw. daß der durch die Verwertung der Sache erlangte Wert an ihn bezahlt wird.

(3) Ist die beschlagnahmte Sache völlig wertlos und wird sie von niemandem beansprucht, so ist sie nach der Aufhebung der Beschlagnahme zu vernichten.

Hausdurchsuchung

§ 124. Die Durchsuchung eines Hauses, einer Wohnung oder einer anderen Räumlichkeit findet dann statt, wenn Grund zu der Annahme besteht, daß diese Verfügung zur Ergreifung des Täters oder Teilnehmers der strafbaren Handlung, zur Entdeckung von Spuren derselben oder zur Auffindung eines Beweisgegenstandes führen kann.

§ 125. (1) Zur Anordnung der Hausdurchsuchung ist die schriftliche Entscheidung der ermittelnden Behörde notwendig. Die Entscheidung ist vor Beginn der Hausdurchsuchung der betroffenen Person zuzustellen.

(2) Zur Hausdurchsuchung ist keine schriftliche Entscheidung nötig:

a) wenn Gefahr im Verzug ist;
b) wenn der auf frischer Tat ergriffene, flüchtig gewordene Beschuldigte oder jemand zu ergreifen ist, dessen Festnahme angeordnet ist;
c) wenn die Hausdurchsuchung zur Verhinderung eines Verbrechens notwendig ist.

(3) Die Vorschriften des § 121 sind auch im Falle der Hausdurchsuchung anzuwenden.

Leibesvisitation

§ 126. (1) Bei dem Beschuldigten und bei dem, von dem mit Grund angenommen werden kann, daß er einen zum Beweis erforderlichen Gegenstand bei sich verborgen hält, kann auf Anordnung der ermittelnden Behörde eine Leibesvisitation vorgenommen werden.

(2) Vor der Durchsuchung ist die betroffene Person zur Herausgabe des gesuchten Gegenstandes aufzufordern.

(3) Die Leibesdurchsuchung ist in Gegenwart zweier behördlicher Zeugen zu vollziehen.

Verfahren bei der Beschlagnahme und bei der Haus- und Leibesdurchsuchung

§ 127. (1) Die Beschlagnahme sowie die Haus- und Leibesdurchsuchung ist unter möglichster Schonung der betroffenen Personen durchzuführen; dabei ist darauf zu achten, daß durch die Anordnung nicht Tatsachen des Privatlebens aufgedeckt werden, die mit der Sache nicht im Zusammenhang stehen. Die Durchführung hat nach Möglichkeit bei Tag zu erfolgen.

(2) Bei der Vornahme der genannten Verfahrenshandlungen ist nach Möglichkeit jede Anordnung zu vermeiden, durch die die betroffene Person Schaden erleiden könnte.

(3) Die Vornahme der Leibesdurchsuchung kann nur durch eine Person desselben Geschlechts, wie die durchsuchte, erfolgen; nur eine solche kann auch sonst zugezogen werden.

(4) Bei strafbaren Handlungen, die auf Antrag zu verfolgen sind, ist vor Antragsstellung keine Beschlagnahme oder Haus- bzw. Leibesdurchsuchung statthaft.

Sequestrierung

§ 128. (1) Schwebt das Verfahren wegen einer strafbaren Handlung und erlaubt das Gesetz im Zusammenhang damit die Vermögenseinziehung oder wird gegen den Beschuldigten ein zivilrechtlicher Anspruch geltend gemacht und ist begründeterweise zu befürchten, daß der Beschuldigte oder eine andere Person die Vollstreckung der Vermögenseinziehung bzw. die Befriedigung des zivilrechtlichen Anspruchs vereitelt, indem das Vermögen oder einzelne Vermögensgegenstände des Beschuldigten entfremdet oder verborgen werden, so wird die Sequestrierung des beweglichen und unbeweglichen Gutes des Beschuldigten oder eines Teiles desselben vom Staatsanwalt in jedem Verfahrensabschnitt angeordnet.

(2) Die Sequestrierung ist von Amts wegen anzuordnen, wenn sie mit Rücksicht auf die mögliche Vermögenseinziehung oder deshalb angeordnet wird, weil der Staatsanwalt den dem Verletzten zustehenden zivilrechtlichen Anspruch geltend macht; die Sequestrierung zur Sicherstellung des von der Privatpartei erhobenen zivilrechtlichen Anspruchs erfolgt auf Antrag der Privatpartei.

(3) Wenn die Ermittlungen nicht durch die Staatsanwaltschaft vorgenommen werden, kann die Sequestrierung in einem dringenden Notfall unter den vorgenannten Bedingungen auch von der ermittelnden Behörde angeordnet werden.

§ 129. (1) Die Sequestrierung ist von Amts wegen aufzuheben, sobald der Grund für ihre Anordnung weggefallen ist.

(2) Auch wenn der zivilrechtliche Anspruch ganz oder teilweise durch Urteil zugesprochen wird, ist die Sequestrierung dann aufzuheben, wenn die Privatpartei binnen dreißig Tagen, nachdem das Urteil über den zivilrechtlichen Anspruch ergangen ist, keinen Vollstreckungsversuch unternommen hat.

(3) Die Sequestrierung ist auch dann aufzuheben, wenn das Verfahren ohne Anordnung der Vermögenseinziehung rechtskräftig beendigt wird bzw. der von der Privatpartei oder vom Staatsanwalt erhobene zivilrechtliche Anspruch rechtkräftig abgewiesen worden ist.

(4) Über die Aufhebung der im Verlaufe der Ermittlungen angeordneten Sequestrierung entscheidet der Staatsanwalt; wird sie notwendig, so übersendet die ermittelnde Behörde die Akten unverzüglich dem Staatsanwalt zur Beschlußfassung.

§ 130. Die eingehenden Vorschriften über die Anordnung, die Vollstreckung, die Wirkungen und die Aufhebung der Sequestrierung erläßt der Justizminister im Einvernehmen mit dem Minister des Innern, dem Finanzminister und dem obersten Staatsanwalt.

§ 131. (Ist durch § 38 StPON außer Kraft gesetzt.)

Stellung der Beteiligten im Ermittlungsverfahren

§ 132. (1) Während der Ermittlungen ist — soweit es den Erfolg des Verfahrens nicht beeinträchtigt — dem Beschuldigten und dem Verletzten sowie deren Vertretern die Anwesenheit bei der Vernehmung des Sachverständigen, beim Augenschein, bei der Beschlagnahme und bei der Hausdurchsuchung zu gestatten. In diesem Fall sind — sofern die Ermittlungshandlung nicht unverzüglich vorzunehmen ist — die Genannten über den Zeitpunkt des Termins mit dem Vermerk zu benachrichtigen, daß das Verfahren auch bei ihrem Ausbleiben durchgeführt wird.

(2) Diejenigen, die nach der vorstehenden Bestimmung bei der Ermittlungshandlung zugegen sind, können sich zu dem Verfahren äußern, hinsichtlich der Durchführung des Verfahrens Anträge stellen und an den Sachverständigen mit Zustimmung der Behörde Fragen richten.

(3) Der Beschuldigte und der Verteidiger können das Gutachten des Sachverständigen einsehen und schriftlich dazu Stellung nehmen, auch wenn sie bei der Vernehmung des Sachverständigen nicht zugegen waren.

Einstellung der Ermittlungen

§ 133. (1) Die Ermittlungen sind einzustellen:

a) in den in § 5 sowie, außer im Fall der Wiederaufnahme des Verfahrens, in den in § 6 bezeichneten Fällen;
b) wenn die Begehung der strafbaren Handlung oder die Person des Täters im Verlauf der Nachforschung nicht zu ermitteln war und auch von dem weiteren Verfahren kein Erfolg zu erwarten ist.

(2) Die Geisteskrankheit des Beschuldigten ist kein Grund zur Einstellung der Ermittlungen, wenn Sicherungsverwahrung (StGBA § 49) angeordnet werden kann. Von der Einstellung der Ermittlungen ist auch bei Vorliegen eines Strafausschließungs- oder Strafaufhebungsumstandes abzusehen, wenn die Nachforschung für die Abwicklung des in § 229 geregelten Einziehungs- oder Vermögenseinziehungsverfahrens notwendig ist.

§ 134. (1) Über die Einstellung der Ermittlungen beschließt die Ermittlungsbehörde, die auf Grund ihrer Zuständigkeit in der Sache das Verfahren geführt hat. Wurde das Verfahren nicht vom Staatsanwalt geführt und bedroht das Gesetz die Handlung mit einer Freiheitsstrafe von mehr als einem Jahr, so ist zur Einstellung des Verfahrens — außer dem Falle der Privatklage — die Zustimmung des Staatsanwalts erforderlich.

(2) Von der Einstellung der Ermittlungen ist durch Zustellung der begründeten Entscheidung der Beschuldigte sowie derjenige zu benachrichtigen, der die Anzeige erstattet oder den Strafantrag gestellt bzw. einen zivilrechtlichen Anspruch erhoben hat.

(3) Die in Abs. 2 bezeichneten Personen haben das Recht, gegen die Einstellung der Ermittlungen beim Staatsanwalt, wenn der Einstellungsbeschluß vom Staatsanwalt ergangen ist, beim vorgesetzten Staatsanwalt Beschwerde zu führen.

Abschluß des Ermittlungsverfahrens

§ 135. (1) Hat die Ermittlungsbehörde den Sachverhalt klargelegt und die zur Feststellung der Schuld des Beschuldigten notwendigen Tatsachen erbracht, so beschließt sie den Abschluß der Ermittlungen; sie teilt die Entscheidung dem Beschuldigten mit, indem sie ihn zugleich mit den Ergebnissen der Ermittlungen bekannt macht und ihn darauf aufmerksam macht, daß er dazu Stellung nehmen und die Ergänzung der Ermittlungen beantragen kann.

(2) Die Stellungnahme des Beschuldigten zum Ermittlungsergebnis sowie die zu seiner Verteidigung gestellten Anträge sind zu Protokoll zu nehmen. Hält die Ermittlungsbehörde auf Grund der Stellungnahme oder der Anträge die Ergänzung der Ermittlungen für notwendig, so wird dies von ihr unverzüglich vorgenommen, während im entgegengesetzten Fall die Anträge des Beschuldigten in einer begründeten Entscheidung zurückgewiesen werden.

Rechtsmittel während des Ermittlungsverfahrens

§ 136. (1) Gegen die Entscheidung des Staatsanwalts während des Ermittlungsverfahrens sowie gegen dessen Verfügungen oder gegen die Unterlassung einer Verfügung kann beim oberen Staatsanwalt, gegen die Entscheidung, die Verfügung oder die Unterlassung einer Verfügung einer anderen Ermittlungsbehörde, beim zuständigen Staatsanwalt Beschwerde geführt werden.

(2) Die gegen die Entscheidung bzw. gegen die Verfügung oder die unterlassene Verfügung eingelegte Beschwerde kann bei derjenigen Ermittlungsbehörde, die die Entscheidung getroffen bzw. die Verfügung vorgenommen oder unterlassen hat, binnen acht Tagen nach Mitteilung bzw. Kenntnisnahme bei der Behörde, deren Verfahren angefochten wird, eingelegt werden.

(3) Die Ermittlungsbehörde hat die Pflicht, die Beschwerde mit einer Stellungnahme an den nach Abs. 1 zur Entscheidung über die Beschwerde zuständigen Staatsanwalt zu senden. Der Staatsanwalt bzw. der obere Staatsanwalt ist verpflichtet, binnen drei Tagen nach Eingang die Beschwerde zu prüfen.

(4) Von der Entscheidung über die Beschwerde ist der Beschwerdeführer zu benachrichtigen.

Anklageschrift

§ 137. (1) Hat die Ermittlungsbehörde die Ermittlungen beendigt (§ 135), so verfaßt sie unverzüglich die Anklageschrift. Im Falle der Privatklage ersetzt die Anzeige die Anklageschrift.

(2) Die von den in § 89 a) — b) genannten Ermittlungsbehörden verfaßte Anklageschrift bedarf der Genehmigung durch den Staatsanwalt; die Akten sind nach Abfassung der Anklageschrift dem Staatsanwalt zu übergeben. Im Falle der Privatklage wird die Anzeige von der Behörde, die die Ermittlungen vornimmt, unmittelbar an das zuständige Gericht übersandt.

(3) Die Anklageschrift wird vom Staatsanwalt beim Gericht eingereicht.

§ 138. (1) Die Anklageschrift hat zu enthalten:
a) die eingehenden Personalien des Beschuldigten entsprechend § 94 Abs. 1;
b) die kurze Darstellung des Sachverhalts und die Bezeichnung der Beweise, sowie die zur Beurteilung der sozialen Gefährlichkeit der Handlung erforderlichen persönlichen und sachlichen Umstände;
c) die Bezeichnung der als Grundlage der Anklage dienenden strafbaren Handlung mit Hinweis auf die entsprechende Bestimmung des Strafgesetzes und, falls die strafbare Handlung auf Antrag zu verfolgen ist, eine Angabe darüber, daß der Antrag gestellt worden ist;
d) die Bezeichnung der Beweismittel, die Namen der bei der Verhandlung zu vernehmenden Zeugen und Sachverständigen und ihre Anschrift sowie den Hinweis auf die Beweisgegenstände;
e) einen entsprechenden Hinweis, wenn der Staatsanwalt der Verhandlung beizuwohnen wünscht.

(2) Ist der Beschuldigte im Zeitpunkt der Einreichung der Anklageschrift vorläufig festgenommen, so ist dies in der Anklageschrift zu erwähnen. In der Anklageschrift ist auch die Aufrechterhaltung bzw. wenn notwendig die Anordnung der vorläufigen Festnahme zu beantragen. Sind gegen den Beschuldigten andere Sicherungsmaßnahmen angewandt worden (Verbot, den Wohnsitz zu verlassen, Sequestrierung), so sind diese zu erwähnen.

(3) Ist die Sicherungsverwahrung des Beschuldigten erforderlich, so ist in der Anklageschrift ein entsprechender Antrag zu stellen.

(4) Hat der Verletzte einen zivilrechtlichen Anspruch erhoben oder wünscht der Staatsanwalt den zivilrechtlichen Anspruch geltend zu machen, so ist hierauf in der Anklageschrift hinzuweisen und gleichzeitig der entsprechende Sachverhalt vorzutragen.

(5) Die Anklageschrift ist in so viel Exemplaren einzureichen, daß dem Gericht und jedem Beschuldigten je eines zukommt. Der Staatsanwalt legt die Ermittlungsakten dem Gerichtsexemplar bei und übergibt gleichzeitig mit der Anklageschrift dem Gericht die von ihm aufbewahrten Beweisgegenstände.

VII. Kapitel

Vorbereitung der Verhandlung

Verfügungen des Gerichts nach der Einreichung der Anklageschrift

§ 139. (1) Das Gericht prüft die Sache in vorbereitender Sitzung, wenn das der Anklage zugrunde liegende Verbrechen vom Gesetz mit einer schwereren Strafe als zwei Jahre Kerker bedroht ist, sowie wenn der Beschuldigte vorläufig festgenommen ist.

(2) Die vorbereitende Sitzung ist, wenn der Beschuldigte vorläufig festgenommen ist, binnen drei Tagen, anderenfalls binnen acht Tagen nach Einreichung der Anklageschrift abzuhalten.

(3) In der vorbereitenden Sitzung verhandelt ein Senat des Gerichts, der mit einem Berufsrichter als Vorsitzenden und zwei Volksbeisitzern besetzt ist.

§ 139 A. (1) Vom Zeitpunkt der vorbereitenden Sitzung ist der Staatsanwalt zu benachrichtigen. Das Ausbleiben des Staatsanwalts hindert die Durchführung der vorbereitenden Sitzung und die Beschlußfassung nicht.

(2) Der Beschuldigte kann zur vorbereitenden Sitzung nur dann geladen werden, wenn hinsichtlich der in § 140 Abs. 1 und 2 genannten Fragen ohne die persönliche Vernehmung des Beschuldigten kein Beschluß gefaßt werden kann.

(3) Ist nach Abs. 2 das Erscheinen eines jugendlichen oder eines geistig mangelhaft begabten Beschuldigten erforderlich, so ist das Gericht verpflichtet, auch den gesetzlichen Vertreter des Beschuldigten zu laden.

(4) Außer den in Abs. 1—3 bezeichneten Personen darf niemand zur vorbereitenden Sitzung geladen werden.

§ 139 B. (1) An der vorbereitenden Sitzung können außer den Mitgliedern des Senats, dem Protokollführer und dem Staatsanwalt nur die geladenen Personen teilnehmen.

(2) Nach Eröffnung der Sitzung erstattet der Staatsanwalt, sofern er nicht anwesend ist, der Vorsitzende des Senats über die Sache einen kurzen Bericht. Danach berichtet der Vorsitzende des Senats über die in der Sitzung zu entscheidenden Fragen.

(3) Der Vorsitzende und die Mitglieder des Senats können an den Staatsanwalt sowie an den anwesenden Beschuldigten Fragen richten.

§ 140. (1) Stellt das Gericht in der vorbereitenden Sitzung fest, daß es in der Sache sachlich oder örtlich nicht zuständig ist, so entscheidet es gemäß § 142.

(2) Das Gericht hat die Pflicht, in der vorbereitenden Sitzung folgende Fragen zu prüfen:

a) ob die dem Beschuldigten vorgeworfene Handlung eine strafbare Handlung ist;
b) ob die zur Begründung der Anklage erforderlichen Beweise zur Verfügung stehen;
c) ob die Anklageschrift die zutreffende gesetzliche Qualifizierung der Handlung enthält;
d) ob während der Ermittlungen die Vorschriften der Strafprozeßordnung, besonders diejenigen Verfahrensvorschriften, die sich auf die Strafverfolgung des Beschuldigten, auf die vorläufige Festnahme sowie auf den Abschluß der Ermittlungen beziehen, eingehalten worden sind.

(3) Nachdem das Gericht die in Abs. 2 genannten Fragen geprüft hat:

a) nimmt es die Anklageschrift an oder nimmt Abänderungen an ihr vor und ordnet auf dieser Grundlage die Verhandlung der Sache an;
b) trifft es hinsichtlich der Aufrechterhaltung oder Aufhebung der vorläufigen Festnahme des Beschuldigten oder hinsichtlich der Notwendigkeit einer anderen gesetzlichen Maßnahme eine Entscheidung;
c) beschließt es über die Ladung von Zeugen, Verletzten, Sachverständigen und anderer Personen, deren Anwesenheit in der Sitzung erforderlich ist;
d) trifft es eine Entscheidung darüber, ob in der Verhandlung die Teilnahme des Verteidigers oder des Staatsanwalts verbindlich vorgeschrieben ist; ist dies nicht der Fall, hält das Gericht aber die Teilnahme des Verteidigers bzw. des Staatsanwalts für notwendig, so beschließt es die Bestellung eines Verteidigers bzw. die Teilnahme des Staatsanwalts;

e) sendet es die Sache zum Zwecke der Ergänzung der Ermittlungen (§ 143) zurück, setzt das Verfahren aus (§ 144) bzw. stellt das Verfahren ein (§ 145).

(4) Das Gericht erläßt die in Abs. 3 bezeichneten Entscheidungen in nichtöffentlicher Sitzung.

§ 141.*) (1) Im Falle der Privatklage sowie auch dann, wenn das Gesetz das der Anklage zugrunde liegende Verbrechen mit einer Strafe von zwei Jahren Kerker oder mit einer milderen Strafe bedroht, und sofern der Beschuldigte nicht vorläufig festgenommen ist, entscheidet der Vorsitzende des Senats — nach Prüfung der in § 140 Abs. 2 genannten Fragen — ohne vorbereitende Sitzung innerhalb acht Tagen.

(2) Ist in dem in Abs. 1 genannten Fall über die Notwendigkeit der vorläufigen Festnahme Beschluß zu fassen, so hat das Gericht innerhalb drei Tagen in nichtöffentlicher Sitzung darüber zu entscheiden.

§ 142. Ist das Gericht, bei dem die Anklageschrift eingereicht worden ist, sachlich oder örtlich nicht zuständig, so verweist es die Sache an das zuständige Gericht oder an die zuständige Behörde.

§ 143. Das Gericht kann die Ermittlungen bzw. die Ergänzung der Ermittlungen anordnen, wenn dies zur Aufklärung der Sache notwendig ist und wenn nicht sicher ist, daß die Angaben in der Verhandlung herbeigeschafft werden können. In diesem Fall sind die Akten zur Vornahme bzw. zur Fortsetzung der Ermittlungen dem Staatsanwalt, im Falle der Privatklage, der zuständigen Ermittlungsbehörde zurückzusenden.

§ 144. (1) Das Gericht setzt das Verfahren aus:

a) wenn die Beurteilung der der Anklage zugrunde liegenden Handlung von der Entscheidung einer Vorfrage abhängt und es notwendig erscheint, die Entscheidung des hierfür zuständigen Gerichts oder die einer anderen Behörde abzuwarten;

b) wenn im Falle einer die Exterritorialität oder die persönliche Befreiung von der Gerichtsbarkeit betreffenden Frage die Entscheidung des Justizministers einzuholen ist;

c) wenn die weitere Beobachtung des Geisteszustandes des Beschuldigten durch einen Sachverständigen notwendig ist;

d) wenn die Fortsetzung des Verfahrens dadurch gehindert wird, daß der Beschuldigte nach der Begehung des Verbrechens in Geisteskrankheit verfallen ist.

(2) Die Vorfrage entscheidet das Strafgericht in der Regel selbst; es entscheidet über die Anwendung des Abs. 1 a) nach eigenem Ermessen. Hängt aber die Anwendung des Strafgesetzes von einer Vorfrage ab, die den Personenstand betrifft, und ist das Urteil des Zivilgerichts darüber für jedermann gültig, so ist das Verfahren bis zum Abschluß des Verfahrens vor dem Zivilgericht stets auszusetzen; ist dieses Verfahren vor dem Zivilgericht noch nicht eingeleitet, so ist der Beteiligte zur Einleitung des Verfahrens innerhalb einer entsprechenden Frist aufzufordern und darauf hinzuweisen, daß im Falle des Nichteinhaltens dieser Frist das Verfahren fortgesetzt wird.

---

*) Vgl. Nachtrag § 12.

(3) Sobald die Entscheidung über die Vorfrage bzw. über die Frage der Exterritorialität (der persönlichen Straffreiheit) getroffen oder die Beobachtung durch den Sachverständigen beendet ist, ist das Verfahren fortzusetzen. Ist die Aussetzung auf Grund Abs. 1 a) und c) angeordnet, so ist das Verfahren auch dann fortzusetzen, wenn die Fortdauer der Aussetzung den Erfolg des Verfahrens gefährden würde, oder wenn der Beteiligte das Verfahren während der festgesetzten Frist beim Zivilgericht nicht in Gang gesetzt hat, obwohl er darauf hingewiesen wurde.

(4) Die Aussetzung des Verfahrens auf Grund des Abs. 1 d) dauert bis zur Genesung des Beschuldigten bzw. bis zum Eintritt der Verjährung. Ist der Beschuldigte vor dem Eintritt der Verjährung genesen, so ist das Verfahren fortzusetzen.

§ 145. (1) Das Gericht stellt das Verfahren ein:

a) im Falle der §§ 5 und 6;

b) wenn die Anklage nach Einreichung der Anklageschrift zurückgenommen worden ist;

c) wenn auf der Grundlage der in der Anklageschrift enthaltenen Angaben die Begehung einer strafbaren Handlung durch den Beschuldigten nicht feststellbar erscheint und auch die Fortsetzung des Verfahrens keinen Erfolg verspricht.

(2) Auf Grund der Geisteskrankheit des Beschuldigten ist die Einstellung des Verfahrens nicht statthaft, wenn in der Anklageschrift die Sicherungsverwahrung des Beschuldigten beantragt wird oder wenn nach der Beurteilung des Gerichts die Sicherungsverwahrung anzuordnen ist.

(3) Wird das Verfahren eingestellt, so ist der Privatpartei die Weisung zu geben, daß sie ihren zivilrechtlichen Anspruch auf einen anderen Weg durchsetzen soll.

§ 146. (1) Ist nach § 140 Abs. 3 a) bzw. § 141 ein Termin für die Verhandlung festzusetzen, so wird der Termin für die Verhandlung vom Vorsitzenden des Senats anberaumt; hierzu werden der Beschuldigte, der Verletzte sowie deren Vertreter, die Zeugen und Sachverständigen bzw. der Privatkläger geladen, die Mitglieder des Gerichts, der Staatsanwalt und der Protokollführer benachrichtigt und gleichzeitig, wenn notwendig, für die Bestellung eines Verteidigers gesorgt. Vom Verhandlungstermin sind auch die übrigen Betroffenen, für die die Entscheidung Auswirkungen haben kann, zu benachrichtigen.

(2) Die Anklageschrift, im Falle der Modifizierung der Anklageschrift der hierüber ergangene Beschluß des Gerichts und die Ladung sind dem Beschuldigten mit dem Vermerk zuzustellen, daß er hierzu bis zum Verhandlungstermin Stellung nehmen kann.

(3) Die Ladung ist nach Abs. 2 dem Beschuldigten mindestens acht Tage vor der Verhandlung zuzustellen.

(4) Wenn schon bei der Anberaumung des Verhandlungstermins feststeht, daß der Fall des § 154 Abs. 4 vorliegt, so ist die Ladung zur Verhandlung dem Beschuldigten durch öffentliche Bekanntmachung zuzustellen.

(5) Der Privatkläger und die Privatpartei sind mit Hinweis auf den § 154 Abs. 2 zur Verhandlung zu laden.

Vorbereitung der Verhandlung

§ 146 A. (1) Die Verhandlung ist mit Rücksicht auf § 146 Abs. 2 auf den nächstmöglichen Tag anzuberaumen. Das Gericht hat die Pflicht, jede Sache binnen dreißig Tagen nach Eingang der Anklageschrift — im Falle einer Privatklage nach Eingang der Anzeige — zu verhandeln.

(2) Als Verhandlungsort ist in der Regel das Amtslokal des Gerichts zu bestimmen, doch kann aus einem schwerwiegenden Grund die Verhandlung an einen anderen Ort (z. B. an den Schauplatz der strafbaren Handlung oder den Arbeitsort des Beschuldigten) und im Notfall an einen außerhalb des Gerichtssitzes gelegenen Ort anberaumt werden. An einen Ort außerhalb des Gerichtssprengels kann die Verhandlung nur mit Bewilligung des Justizministers verlegt werden.

(3) Die Anberaumung und die Vorbereitung der Verhandlung obliegt dem Vorsitzenden des Senats.

§ 147. (1) Stellt sich heraus, daß die Ladung dem Beschuldigten deshalb nicht zugestellt werden konnte, weil er sich an einem unbekannten Ort aufhält, so setzt der Vorsitzende des Senats unter Aufschiebung der Verhandlung das Verfahren so lange aus, bis der Beschuldigte sich findet; er sendet die Akten dem Staatsanwalt zurück, damit dieser Anordnungen gemäß den §§ 106, 107 treffen bzw. den Antrag nach § 108 stellen kann.

(2) Nach Anberaumung des Verhandlungstermins beschließt der Vorsitzende des Senats über die Ladung der Zeugen und Sachverständigen sowie über die Herbeischaffung anderer Beweise.

(3) Ist über die Frage der vorläufigen Festnahme in der Zeit zwischen dem Tage der vorbereitenden Sitzung und demjenigen der Verhandlung zu beschließen, so entscheidet das Gericht in nichtöffentlicher Sitzung.

(4) Mit Ausnahme der in den Absätzen 1—3 genannten Fällen kann über die in § 140 Abs. 3 bezeichneten Fragen — sofern dies nach Anberaumung des Verhandlungstermins notwendig geworden ist — nur in der Verhandlung entschieden werden.

§ 148. Der Vorsitzende des Senats kann die Verhandlung — vor deren Beginn — bei Vorliegen eines schwerwiegenden Grundes aufschieben. Die Verhinderung des Verteidigers ist nur dann ein Grund zur Aufschiebung der Verhandlung, wenn für die Verteidigung des Beschuldigten sonst nicht entsprechend gesorgt werden könnte.

§ 149. (1) Die Entscheidung, die in der vorbereitenden Sitzung bzw. durch den Vorsitzenden des Senats ergeht, ist unanfechtbar, soweit sie die Anberaumung des Verhandlungstermins, die Aussetzung des Verfahrens nach § 147 Abs. 1 sowie die Ladung von Personen zur Verhandlung zum Gegenstand hat.

(2) Gegen die in den §§ 142—145 bezeichneten Entscheidungen kann nur der Staatsanwalt Berufungsverwahrung einlegen. Diese Beschränkung bezieht sich nicht auf die nach § 144 Abs. 1 a ergangene Entscheidung, durch die das Verfahren ausgesetzt wird.

§ 150. (außer Kraft gesetzt durch § 55 StPON.)

Vorbereitung der Verhandlung im Falle der Privatklage

§ 151.*) (1) Wird das Verfahren im Wege der Privatklage durchgeführt, so sind die §§ 137—149 mit folgenden Abweichungen bzw. Ergänzungen anzuwenden.

(2) Der Privatkläger ist darauf hinzuweisen, daß sein Fernbleiben von der Verhandlung die Bedeutung einer Klagezurücknahme hat.

(3) Das dem Staatsanwalt nach § 149 Abs. 2 zustehende Rechtsmittel steht auch dem Privatkläger zu.

§ 152.*) (1) Im Falle der Privatklage wird die Anklageschrift durch die Anzeige ersetzt. In diesem Falle ist der Beschuldigte ohne Zustellung einer Anklageschrift, jedoch unter Hinweis auf den Namen des Anzeigers und den Tatbestand der strafbaren Handlung zur Verhandlung zu laden.

(2) Hält es der Vorsitzende des Senats mit Rücksicht auf die Schwierigkeit der Sache für notwendig, so kann er den Privatkläger auffordern, die Anzeige innerhalb einer Frist durch einen eingehenden Bericht über den Sachverhalt oder die Beweise zu ergänzen. In der Aufforderung ist der Privatkläger darauf hinzuweisen, daß das Gericht die Fristversäumung als Zurücknahme der Anklage ansehen wird.

(3) Wünscht der Staatsanwalt im Falle der bei ihm eingereichten Anzeige die Vertretung der Anklage nicht zu übernehmen, so übergibt er die Akten dem Gericht.

VIII. Kapitel

Gerichtsverhandlung

Kontinuität der Verhandlung

§ 153. (1) Das Gericht hat jede Sache möglichst in einer Verhandlung zu erledigen. Das Gericht kann die begonnene Verhandlung aus einem schwerwiegenden Grund vertagen.

(2) Die vertagte Verhandlung kann binnen eines Monats ohne Wiederholung fortgesetzt werden, wenn in der Besetzung des Senats keine Veränderung eingetreten ist. In diesem Falle beginnt die vertagte Verhandlung mit der Verlesung des Protokolls der vorhergehenden Verhandlung.

(3) In anderen Fällen als denen des Abs. 2 ist die Verhandlung von Anfang an durchzuführen.

Die an der Verhandlung beteiligten Personen

§ 154. (1) Die Verhandlung kann nicht ohne Anwesenheit des Vorsitzenden und der Mitglieder des Senats, des Protokollführers, des Beschuldigten und — wenn die Teilnahme des Staatsanwalts vom Gesetz gefordert wird — des Staatsanwalts, schließlich im Falle der verbindlichen Verteidigung ohne die Anwesenheit des Verteidigers stattfinden.

(2) Bleibt der Privatkläger bzw. dessen Vertreter der Verhandlung fern und entschuldigt er sich nicht auf gehörige Weise, so stellt das Gericht das Verfahren durch Beschluß ein; doch muß auf Ersuchen des Beschuldigten oder dessen Verteidigers die Verhandlung auch in diesem Fall durchgeführt werden.

---

*) Vgl. Nachtrag § 13.

(3) Ist Gegenstand der Anklage ausschließlich ein mit einer Geldstrafe bedrohtes Verbrechen, so kann die Verhandlung auch ohne die Anwesenheit des vorschriftsgemäß geladenen, doch unentschuldigt ferngebliebenen Beschuldigten durchgeführt werden.

(4) Die Verhandlung kann in Abwesenheit des Beschuldigten in jeder Strafsache durchgeführt werden, wenn es unzweifelhaft feststeht, daß sich der Beschuldigte unter Verletzung oder Umgehung einer Rechtsnorm im Ausland aufhält. In diesem Falle ist für die Zustellung des Urteils § 172 Abs. 3, für die besondere Möglichkeit der Wiederaufnahme des Verfahrens aber § 215 Abs. 4 maßgebend.

(5) Der Durchführung der Verhandlung steht die Abwesenheit des geisteskranken Beschuldigten nicht entgegen, wenn in der Verhandlung über die Sicherungsverwahrung des Beschuldigten entschieden werden soll und das Gericht die Anwesenheit des Beschuldigten nicht für notwendig erachtet.

§ 154 A. (1) Die Anwesenheit des Staatsanwalts bei der Verhandlung ist bindend, wenn das Verfahren vor dem Obersten Gericht oder dem Komitatsgericht in erster Instanz anhängig ist.

(2) Im Verfahren vor dem Bezirksgericht ist die Teilnahme des Staatsanwalts dann bindend, wenn:

a) Gegenstand des Verfahrens ein Amtsverbrechen, ein die Interessen der Planwirtschaft verletzendes Verbrechen, ein im Zusammenhang mit einem Betriebsunfall begangenes Verbrechen, sofern es den Tod oder eine schwere Körperverletzung verursacht hat, endlich ein durch Jugendliche begangenes Verbrechen ist;
b) der Staatsanwalt seine Teilnahme an der Verhandlung vorher bekanntgegeben hat;
c) ihn das Gericht zur Teilnahme in der Verhandlung verpflichtet hat.

§ 155. (1) Der Vorsitzende leitet die Verhandlung. Er bestimmt im Rahmen des Gesetzes die Reihenfolge der Handlungen, die in der Verhandlung vorzunehmen sind; er vernimmt den Beschuldigten, die Zeugen und die Sachverständigen.

(2) An die vom Vorsitzenden verhörten Personen können außer den Mitgliedern des Gerichts auch die Parteien und ihre Vertreter Fragen stellen, doch obliegt es dem Vorsitzenden, darauf zu achten, daß sich die Verhandlung nicht auf Umstände erstreckt, die mit der Sache in keinem Zusammenhang stehen; er hat die Stellung und Beantwortung von Fragen zu untersagen, wenn sie ohne Bedeutung für die Sache oder geeignet sind, die verhörte Person zu beeinflussen.

(3) Der Vorsitzende hat die Pflicht, die Parteien bzw. deren Vertreter während der Verhandlung auf die ihnen zustehenden Rechte aufmerksam zu machen.

§ 156. (1) Der Vorsitzende hält die Ordnung in der Verhandlung aufrecht.

(2) Der Vorsitzende sorgt dafür, daß unter den Zuhörern keine Personen unter vierzehn Jahren anwesend sind; Personen unter achtzehn Jahren können von ihm aus der Verhandlung entfernt werden.

(3) Derjenige, der die Ordnung in der Verhandlung stört, wird vom Vorsitzenden zur Ordnung gerufen; im Falle einer wiederholten oder schweren Ordnungsstörung kann das Gericht ihn mit einer Geldbuße bis zu tausend Gulden bestrafen oder ihn — unter Auferlegung einer Geldbuße oder ohne eine solche — auch aus dem Saal weisen bzw. hinausführen lassen.

(4) Der Beschuldigte kann, wenn er hinausgewiesen wird, in Haft genommen werden; in diesem Fall ist die Verhandlung in seiner Abwesenheit fortzusetzen, doch muß der Beschuldigte spätestens nach Schluß des Beweisverfahrens wieder vor das Gericht gestellt und über das in seiner Abwesenheit Vorgefallene unterrichtet werden.

(5) Wird im Falle der verbindlichen Verteidigung der Verteidiger aus dem Sitzungssaal gewiesen und wählt der Beschuldigte keinen anderen Verteidiger, so bestellt der Vorsitzende möglichst auf der Stelle einen Verteidiger. Wird der Verteidiger oder der Vertreter des Privatklägers oder der Privatpartei aus dem Saal gewiesen und ist deshalb die entsprechende Vertretung des Betreffenden nicht gesichert, so kann die Verhandlung auf Kosten des Ordnungsstörers vertagt werden.

(6) Kann die Ordnungsstörung als Grundlage eines Straf- oder Disziplinarverfahrens dienen, so verständigt das Gericht die zuständige Behörde; ist aber auch die vorläufige Festnahme statthaft, so kann es den Täter verhaften und dem Staatsanwalt übergeben.

§ 157. Gegen die im Rahmen der Verhandlungsleitung bzw. Aufrechterhaltung der Verhandlungsordnung ergehenden Verfügungen ist keine Berufung statthaft, ausgenommen die Beschlüsse, durch die entsprechend der vorigen Bestimmung eine Geldbuße verhängt und der Betroffene zur Tragung der Kosten verpflichtet wird, sowie den die Verhaftung anordnenden Beschluß. Die Berufung gegen den Beschluß, durch den Geldbuße verhängt und der Betroffene zur Tragung der Kosten verpflichtet wird, hat aufschiebende Wirkung.

Eröffnung der Verhandlung

§ 158. (1) Die Verhandlung wird vom Vorsitzenden mit der Bezeichnung der Sache eröffnet. Der Vorsitzende stellt zuerst fest, ob die Geladenen erschienen sind und sorgt nach Möglichkeit dafür, daß der trotz der vorschriftsmäßigen Ladung nicht erschienene Beschuldigte, Zeuge bzw. Sachverständige auf der Stelle vorgeführt wird. Stellt der Vorsitzende des Senats fest, daß der Beschuldigte sich an einem unbekannten Ort aufhält und daß die Verhandlung nicht gem. § 154 Abs. 4 durchgeführt werden kann, so beschließt das Gericht entsprechend § 147 Abs. 1.

(2) Erscheint der Verteidiger im Falle einer verbindlichen Verteidigung in der Verhandlung nicht, oder entfernt er sich aus ihr und wählt der Beschuldigte keinen anderen Verteidiger bzw. ist der Vorsitzende nicht in der Lage, auf der Stelle einen anderen Verteidiger zu bestellen, so ist die Verhandlung auf Kosten des säumigen Verteidigers zu vertagen.

(3) Ist eine geladene Person in der Verhandlung nicht erschienen, deren Abwesenheit die Durchführung der Verhandlung nicht hindert, so ist mit der Verhandlung zu beginnen; sie darf nicht vor der Vernehmung der Erschienenen vertagt werden.

Gerichtsverhandlung

§ 159. Nachdem der Vorsitzende festgestellt hat, wer von den Geladenen erschienen ist, fordert er die Zeugen auf, den Verhandlungsort zu verlassen; er macht sie auf die Folgen des ungerechtfertigten Sichentfernens aus dem Gericht aufmerksam sowie auch darauf, daß sie sich an dem ihnen zugewiesenen Ort aufzuhalten haben. Sachverständige sind nur dann zum Verlassen des Verhandlungsortes aufzufordern, wenn dies vom Gericht aus einem schwerwiegenden Grund für notwendig erachtet wird; andernfalls kann der Sachverständige in der Verhandlung von Anfang an anwesend sein.

Vernehmung des Beschuldigten

§ 160. (1) Nachdem sich die Zeugen entfernt haben, ist der Beschuldigte gemäß § 94 Abs. 1 zur Person zu vernehmen; danach sind der den Antrag enthaltende Teil der Anklageschrift, nötigenfalls auch deren andere Teile zu verlesen; im Falle der Privatklage ist der wesentliche Inhalt der Anzeige bekanntzugeben.

(2) Sodann ist der Beschuldigte darüber zu befragen, ob er die Anklage verstanden hat; im Falle einer verneinenden Antwort ist ihm diese zu erklären; danach ist an ihn die Frage zu richten, ob er seine Schuld bekennt. Im Anschluß daran ist der Beschuldigte gemäß § 94 Abs. 2—4 eingehend zur Sache zu vernehmen.

(3) Der Beschuldigte ist im allgemeinen in Abwesenheit der noch nicht vernommenen Zeugen zu verhören, doch kann das Gericht notfalls eine hiervon abweichende Verfügung erlassen.

(4) Für die Gegenüberstellung sind die Bestimmungen des § 95 maßgebend.

(5) Der Beschuldigte, dessen Anwesenheit bei der Vernehmung des anderen Beschuldigten dessen Befangenheit bewirken könnte, kann vom Vorsitzenden auf die Dauer der Aussage des letzteren aus dem Saal entfernt werden. Der Inhalt der Aussage ist dem aus dem Saale entfernten Beschuldigten spätestens vor Abschluß der Beweisaufnahme bekanntzugeben.

§ 161. (1) Der Beschuldigte kann während der Verhandlung nach der Vernehmung jedes Mitbeschuldigten, Zeugen oder Sachverständigen, sowie auch nach der Verlesung jedes Schriftstücks dazu Stellung nehmen.

(2) Der Beschuldigte kann sich mit seinem Verteidiger auch während der Verhandlung verständigen.

Reihenfolge der Beweisaufnahme

§ 162. Nach der Vernehmung des Beschuldigten tritt das Gericht in die Beweisaufnahme ein. In der Reihenfolge der Beweise gehen die Beweise der Anklage in der Regel denjenigen der Verteidigung vor; doch kann das Gericht nach Anhörung der Parteien auch eine hiervon abweichende Anordnung treffen.

Zeugen, Sachverständige

§ 163. (1) Bei der Vernehmung eines Zeugen können die noch nicht vernommenen Zeugen nicht zugegen sein. Das Gericht wendet diese Vorschrift nach seinem Ermessen auf den als Zeugen zu hörenden Privatkläger, auf die Privatpartei und den Verletzten an.

(2) Die Vorschriften des § 160 Abs. 5 sind auch im Falle der Vernehmung eines Zeugen in Anwesenheit des Beschuldigten oder eines anderen Zeugen entsprechend anzuwenden.

(3) Die die Zeugen und Sachverständigen betreffenden Vorschriften des § 109 Abs. 2 und 3 sowie der §§ 110—114 sind auch in der Verhandlung anzuwenden.

(4) Der Zeuge, der außerstande ist, in der Verhandlung zu erscheinen und der auch im Verlaufe der Ermittlungen keine Aussage gemacht hat, kann gemäß dem Beschluß des Gerichts von einem seiner Mitglieder oder von einem ersuchten Richter außerhalb der Verhandlung vernommen werden. Dasselbe gilt auch für den Sachverständigen. Die Parteien, der Verletzte und ihre Vertreter können zur Vernehmung erscheinen; sie sind deshalb vorher über den Ort und die Zeit der Vernehmung zu benachrichtigen.

Augenschein

§ 164. Die Vorschriften des § 115 Abs. 1 und des § 116 sind auch hinsichtlich des in der Verhandlung angeordneten Augenscheins maßgebend. Wäre die Einnahme des Augenscheins in der am Tatort vorgenommenen Verhandlung mit beträchtlichen Kosten verbunden oder stünden ihr sonst Schwierigkeiten entgegen, so kann § 163 Abs. 4 auch auf den Augenschein entsprechend angewendet werden.

Urkunden

§ 165. (1) In der Verhandlung sind die als Beweis dienenden Urkunden und die amtlichen Benachrichtigungen zu verlesen, die sich auf die Erwerbs- bzw. Vermögensverhältnisse sowie auf die Vorstrafen bzw. das unbestrafte Vorleben des Beschuldigten beziehen.

(2) Es können in der Verhandlung verlesen werden:

a) die im Verlaufe der Ermittlungen gemachte Aussage des Beschuldigten, wenn dieser in der Verhandlung nicht anwesend ist, er in der Verhandlung die Aussage verweigert oder seine Aussage in der Verhandlung von der im Verlauf der Ermittlungen gemachten abweicht;

b) die im Verlaufe der Ermittlungen gemachte Aussage desjenigen Zeugen, der in der Verhandlung überhaupt nicht oder nur mit außerordentlichen Schwierigkeiten vernommen werden könnte, der in der Verhandlung die Aussage ohne gesetzlichen Grund verweigert hat oder dessen Aussage in der Verhandlung von der im Verlauf der Ermittlungen gemachten abweicht;

c) das Gutachten des behördlichen Arztes oder der zur Begutachtung bzw. zur Überprüfung berufenen Sachverständigenkorporation, Behörde oder eines anderen derartigen Organs, sowie das Gutachten eines am Erscheinen verhinderten anderen Sachverständigen;

d) das Protokoll über Augenschein, Hausdurchsuchung, Beschlagnahme und Leibesvisitation.

(3) Im wiederholten Verfahren kann statt der erneuten Vernehmung der Zeugen und Sachverständigen das Protokoll über ihre früheren Aussagen vor dem Gericht verlesen werden, wenn das Urteil nicht auf Grund

mangelhafter oder unrichtiger Feststellung des Sachverhalts aufgehoben wurde.

Andere Beweisstücke

§ 166. Ist es im Interesse der Beweisaufnahme notwendig, so sind in der Verhandlung auch die in § 165 nicht genannten übrigen Beweisstücke zur Besichtigung vorzulegen.

Ergänzung der Beweisaufnahme

§ 167. (1) Das Gericht kann im Interesse der Klärung des Sachverhalts die Ergänzung der Beweisaufnahme anordnen. Will das Gericht die weitere Beweisaufnahme in der Verhandlung durchführen und ist dies nicht sofort möglich, so setzt das Gericht, indem es die Verhandlung vertagt, zur Durchführung der Beweisaufnahme einen neuen, möglichst nahen Verhandlungstag fest. Im übrigen sind zur Ergänzung der Beweisaufnahme entsprechend § 175 Abs. 2 Anordnungen zu treffen.

(2) Über den Antrag auf Ergänzung der Beweisaufnahme entscheidet das Gericht durch Beschluß; gegen einen stattgebenden Beschluß ist kein Rechtsmittel zulässig, während die Abweisung in der gegen das Urteil eingelegten Berufung gerügt werden kann.

Modifizierung der Anklage. Antrag auf Anordnung der Sicherungsverwahrung in der Verhandlung

§ 168. (1) Ist der Staatsanwalt bzw. der Privatkläger nach dem Ergebnis der Beweisaufnahme der Meinung, daß sich der Beschuldigte einer anderen oder einer weiteren strafbaren Handlung als die, die Gegenstand der Anklage ist, schuldig gemacht hat, so ändert er die Anklage ab, bzw. er erweitert sie oder beantragt zum Zwecke der Einreichung einer neuen Anklageschrift die Vertagung der Verhandlung. Dies kann während des Verfahrens jederzeit geschehen, jedoch nur so lange, bis sich das erstinstanzliche Gericht zur Urteilsberatung zurückgezogen hat.

(2) Im Falle der Abänderung der Anklage kann das Gericht über die Anklage in derselben Verhandlung nur dann entscheiden, wenn die Abänderung zugunsten des Beschuldigten erfolgt oder wenn die Vorbereitung der Verteidigung eine Vertagung der Verhandlung nicht notwendig macht; hierüber hat das Gericht die Prozeßparteien zu hören. Ist die Anklage erweitert worden, so vertagt das Gericht auf Antrag des Verteidigers oder des Beschuldigten die Verhandlung, sofern die Ergänzung der Beweisaufnahme oder die Vorbereitung der Verteidigung erforderlich ist; ist das der Fall, so trennt das Gericht das Verfahren hinsichtlich der stafbaren Handlung, auf welche die Anklage ausgedehnt worden ist.

(3) Übersteigt die abgeänderte bzw. erweiterte Anklage die sachliche Zuständigkeit des Gerichts, so ist die Sache an das Gericht mit der entsprechenden sachlichen Zuständigkeit abzugeben.

(4) Beantragt der Staatsanwalt bzw. der Privatkläger nach dem Ergebnis der Beweisaufnahme in der Verhandlung die Anordnung der Sicherungsverwahrung des Beschuldigten, so kann das Gericht nach Anhören der Prozeßparteien die Verhandlung vertagen, wenn dies im Interesse der Vorbereitung der Verteidigung für notwendig erachtet wird.

VIII./IX. Kapitel

Schlußvorträge — Urteilsfällung

§ 169. (1) Hat das Gericht die Beweisaufnahme beendet, so erklärt der Vorsitzende diese für abgeschlossen und erteilt den Prozeßparteien sowie ihren Vertretern das Wort für die Schlußvorträge.

(2) Der Staatsanwalt hält als erster den Schlußvortrag; in diesem wird — unter Hinweis auch auf die anzuwendenden Rechtsnormen — ein begründeter Antrag darüber gestellt, welcher strafbaren Handlung der Beschuldigte vom Gericht schuldig zu sprechen und welche Strafe von demselben anzuwenden ist; hinsichtlich der Höhe der anzuwendenden Strafe darf ein Antrag nicht gestellt werden. Wird die Anklage vom Privatkläger vertreten, so hält er als erster den Schlußvortrag.

(3) Nach dem Staatsanwalt bzw. dem Privatkläger trägt die Privatpartei ihren zivilrechtlichen Anspruch vor; im Falle ihrer Abwesenheit ist der erhobene Anspruch aus den Akten zu verlesen. Der Staatsanwalt kann sich auch über den zivilrechtlichen Anspruch äußern.

(4) Hierauf erhält der Verteidiger oder, falls ein Verteidiger am Verfahren nicht teilnimmt, der Beschuldigte das Wort zur Verteidigung.

§ 170. (1) Den Schlußvorträgen können in derselben Reihenfolge wie die Schlußvorträge Repliken nachfolgen.

(2) Das Recht des letzten Wortes gebührt dem Beschuldigten auch dann, wenn er einen Verteidiger hat. Zu diesem Zweck ist der Beschuldigte in jedem Fall nach den Schlußvorträgen zu befragen, ob er, gestützt auf sein Recht zum letzten Wort, zu seiner Verteidigung noch etwas vorzutragen wünscht.

(3) Im Anschluß daran fällt das Gericht in geschlossener Sitzung seine Entscheidung.

§ 171. (1) Das Urteil ist in der Regel unmittelbar nach Abschluß der Verhandlung zu erlassen und zu verkünden. Die Verkündung erfolgt durch Verlesung der Urteilsformel und Eröffnung des wesentlichen Inhalts der Urteilsgründe. Der Erlaß und die Verkündung des Urteils können für höchstens acht Tage ausgesetzt werden, wenn dies infolge der Schwierigkeit der Sache, des großen Umfanges des Urteils oder aus einem anderen schwerwiegenden Grunde notwendig ist. In diesem Fall ist der Zeitpunkt bei der Schließung der Verhandlung anzusetzen.

(2) Das verkündete Urteil ist binnen drei Tagen vollständig schriftlich abzufassen, doch kann in schwierigen Sachen, die eine umfangreiche Begründung erfordern, die vollständige schriftliche Abfassung für höchstens acht Tage ausgesetzt werden. Ist die Urteilsverkündung ausgesetzt worden, so ist das Urteil bis zur Verkündung vollständig schriftlich abzufassen.

§ 172. (1) Das Urteil ist den anwesenden Prozeßparteien durch Verkündung bekanntzugeben.

(2) Dem Staatsanwalt, dem Beschuldigten, der Privatpartei sowie all denjenigen, denen gegenüber das Urteil eine Anordnung enthält, ist, falls sie bei der Verkündung nicht anwesend waren, das Urteil durch Zustellung bekanntzugeben.

(3) Im Falle des § 154 Abs. 4 ist das Urteil dem Beschuldigten ausschließlich durch Zustellung mittels öffentlicher Bekanntmachung mitzuteilen.

(4) Ist der Beschuldigte beim Staat oder bei einem staatlichen Unternehmen angestellt, so ist das Urteil durch Zustellung auch seinem Vorgesetzten mitzuteilen. Welchen Behörden oder sonstigen Organen das Urteil zum Zwecke der Vollstreckung, der Evidenzhaltung oder zu einem anderen Zweck zuzustellen ist, wird vom Justizminister bestimmt.

§ 173. Nach der Verkündung des Urteils werden die anwesenden Berufungsberechtigten (§ 188) vom Vorsitzenden befragt, ob sie Berufung einzulegen wünschen. Für die Einlegung der Berufung ist § 189 maßgebend.

§ 174. (1) Wird das Urteil bei seiner Verkündung nicht rechtskräftig, so hat das Gericht über die Frage der Anordnung, Aufrechterhaltung bzw. Aufhebung der vorläufigen Festnahme auf der Stelle zu entscheiden. § 97 Abs. 1 b)—d) und Abs. 2 sind auch hier entsprechend anzuwenden, doch kann das Gericht im Falle eines freisprechenden Urteils von der Freilassung des Beschuldigten nur auf Antrag des Staatsanwalts und nur in einem besonders begründeten Fall absehen.

(2) Die nach der Verkündung des Urteils angeordnete oder aufrechterhaltene vorläufige Festnahme dauert in der Regel bis zur rechtskräftigen Erledigung des Verfahrens, doch ist der Beschuldigte auch früher auf freien Fuß zu setzen, sobald für seine Haft kein Grund mehr vorliegt. Hierüber entscheidet bis zur Vorlage der Akten beim Obergericht das Gericht, das in erster Instanz erkannt hat, danach aber das Berufungsgericht.

IX. Kapitel
Urteile und andere Entscheidungen der Gerichte

Erledigung der Sache ohne Urteil

§ 175. (1) Wird in der Verhandlung die Verweisung der Sache oder die Aussetzung des Verfahrens notwendig, so beschließt das Gericht gemäß § 142 bzw. § 144. Außerdem ist auch in der Verhandlung die für die Aussetzung des Verfahrens geltende Vorschrift des § 147 Abs. 1 anzuwenden, es sei denn, daß nach § 154 Abs. 4 die Durchführung der Verhandlung in Abwesenheit des Beschuldigten möglich ist.

(2) Nimmt das Gericht die Ergänzung der Beweisaufnahme nicht in der Verhandlung vor, so entsendet es hierzu eines seiner Mitglieder oder ersucht ein anderes Gericht; es kann jedoch, sofern es notwendig ist, gemäß § 143 entscheiden.

(3) Das Gericht stellt das Verfahren ein:

a) wenn der Beschuldigte verstorben ist, wenn er infolge Begnadigung oder Verjährung nicht strafbar ist oder wenn ein anderer Strafaufhebungsumstand vorliegt;

b) wenn der für das Verfahren erforderliche Strafantrag, die Ermächtigung oder das Strafverlangen[1]) fehlt und dieser Mangel nicht mehr geheilt werden kann;

c) wenn der Privatkläger die Anklage zurückgenommen hat;

d) wenn das Gericht von der Feststellung der Schuld und der Bestrafung absieht;

e) wenn die der Anklage zugrunde liegende Handlung bereits früher rechtskräftig abgeurteilt worden ist.

---

1) Nämlich einer ausländischen Regierung (Anmerkung des Übersetzers).

(4) Die Zurücknahme der Anklage durch den Staatsanwalt verpflichtet das Gericht nicht zur Einstellung des Verfahrens.

§ 175 A. Ist nach dem Strafgesetz die Einziehung bzw. Vermögenseinziehung unabhängig von der Strafbarkeit statthaft, so entscheidet das Gericht in seinem Beschluß im Falle der Aussetzung des Verfahrens aus dem in § 144 Abs. 1 d) genannten Grunde, sowie im Falle der Einstellung des Verfahrens auch über die Frage der Einziehung bzw. Vermögenseinziehung.

Urteil

§ 176. Außer in den in § 175 genannten Fällen entscheidet das Gericht nach dem Schluß der Verhandlung in der Sache selbst durch Urteil.

§ 177. Das Gericht kann sein Urteil nur auf der Grundlage der in der Verhandlung erhobenen Beweise fällen; es würdigt die Beweise in ihrer Gesamtheit und beurteilt sie nach seiner Überzeugung.

§ 178. (1) Das Gericht beurteilt die Handlung des Beschuldigten — abgesehen von den in den folgenden Bestimmungen enthaltenen Ausnahmen — auf der Grundlage der Anklage.

(2) Bei der rechtlichen Beurteilung der der Anklage zugrunde liegenden Tatsachen ist das Gericht an den Antrag des Staatsanwalts bzw. des Privatklägers nicht gebunden.

(3) Ist das Gericht auf Grund der in der Verhandlung festgestellten Tatsachen der Ansicht, daß der Beschuldigte eine schwerere strafbare Handlung als die in der Anklage bezeichnete begangen hat, so ist die Verhandlung auf Antrag jeder Partei zu vertagen, wenn die Vertagung nach der Beurteilung des Gerichts im Interesse der Ergänzung der Ermittlungen bzw. zur Vorbereitung der Verteidigung notwendig ist.

(4) Hat der Beschuldigte nach den in der Verhandlung erhobenen Beweisen außer der in der Anklage bezeichneten strafbaren Handlung auch eine andere strafbare Handlung begangen, so kann das Gericht die Schuld des Beschuldigten auch auf Grund dieser Handlung feststellen. Ist dazu die Ergänzung der Beweisaufnahme bzw. die Vorbereitung der Verteidigung notwendig, so vertagt das Gericht die Verhandlung; geschieht dies, so ist insoweit das Verfahren abzutrennen. Zu dieser Frage hört das Gericht die Prozeßparteien.

§ 179. Im Urteil ist der Beschuldigte schuldig zu erklären oder freizusprechen.

§ 180. Der Beschuldigte wird vom Gericht von der Anklage freigesprochen:

a) wenn nicht nachgewiesen ist, daß der Beschuldigte die der Anklage zugrunde liegende strafbare Handlung begangen hat,
b) wenn die der Anklage zugrunde liegende Handlung keine stafbare ist,
c) wenn Strafausschließungsumstände vorliegen.

§ 181. Wird der Beschuldigte nicht nach § 180 freigesprochen, so ist der Beschuldigte der ihm zur Last gelegten strafbaren Handlung schuldig zu sprechen und über seine Strafe zu entscheiden.

§ 182. (1) Im Urteil ist hinsichtlich des zivilrechtlichen Anspruchs nach Möglichkeit zur Sache selbst zu entscheiden. Über den zivilrechtlichen Anspruch kann sachlich auch im freisprechenden Urteil entschieden werden, indem der Anspruch entweder abgewiesen oder zugesprochen wird.

(2) Hat das Strafgericht über den zivilrechtlichen Anspruch eine Entscheidung in der Sache selbst getroffen, so ist hinsichtlich dieses Streitgegenstandes ein weiteres Verfahren auf einem anderen gesetzlichen Weg nicht möglich.

(3) Würde durch die Aburteilung des zivilrechtlichen Anspruchs die Beendigung des Verfahrens beträchtlich verzögert, so nimmt das Gericht von der sachlichen Entscheidung Abstand und verweist die Privatpartei im Urteil auf die Geltendmachung ihres Anspruchs auf einem anderen gesetzlichen Weg.

§ 183. (1) Das Urteil besteht aus der Einleitung, der Urteilsformel und den Urteilsgründen.

(2) Die Einleitung enthält die Bezeichnung des erkennenden Gerichts, den Ort und die Zeit der Verhandlung sowie die Feststellung darüber, ob die Verhandlung, auf Grund derer das Urteil ergeht, öffentlich oder nicht öffentlich war.

§ 184. (1) Die Urteilsformel hat die folgenden Teile zu enthalten:

a) die Personalien des Beschuldigten gemäß § 94 Abs. 1,
b) die Bezeichnung der strafbaren Handlung, die Gegenstand des Urteils ist,
c) die Schuldigsprechung oder Freisprechung des Beschuldigten,
d) die Entscheidung über die Verfahrenskosten und den zivilrechtlichen Anspruch sowie die übrigen Anordnungen, die das Gericht auf Grund einer Rechtsnorm trifft.

(2) Ergeht gegen den Beschuldigten ein Schuldspruch, so muß die Urteilsformel diesem nachfolgend die zugemessene Strafe und die damit verbundenen übrigen Anordnungen enthalten.

(3) In den Urteilsgründen sind die vom Gericht festgestellten Tatsachen vorzutragen, und es ist auszuführen, warum das Gericht diese für erwiesen angesehen hat; ferner sind die Gründe anzuführen, die das Gericht zu den Anordnungen im Urteil bewogen haben. Legt das Gericht seiner Tatsachenfeststellung oder Entscheidung das Gutachten des Sachverständigen nicht zugrunde, so ist dies stets eingehend zu begründen. Es sind auch diejenigen Gründe anzugeben, die für die Ablehnung der Anträge maßgebend waren, die in der Verhandlung zwecks Ergänzung der Beweisaufnahme oder hinsichtlich einer anderen wesentlichen Frage gestellt werden.

(4) Das Urteil ist kurz und klar abzufassen. Auf die Bezeichnung der strafbaren Handlung und die den übrigen Urteilsanordnungen zugrunde liegenden Rechtsnormen ist nicht in der Urteilsformel, sondern in den Urteilsgründen hinzuweisen.

Sicherungsverwahrung

§ 185. Hat die Sicherungsverwahrung des geisteskranken Beschuldigten zu erfolgen, so ist gleichzeitig mit der Freisprechung des Beschuldigten bzw. der Aussetzung des Verfahrens über die Sicherungsverwahrung zu entscheiden.

§ 186. (Außer Kraft gesetzt durch StPON § 71.)

X. Kapitel

Berufung

Wirkung der Berufung

§ 187. (1) Gegen das in erster Instanz gefällte Urteil ist — ausgenommen des in erster Instanz gefällten Urteils des Obersten Gerichts — Berufung bzw. seitens des Staatsanwalts Berufungsverwahrung zulässig.

(2) Die Berufung kann sich gegen jede Anordnung des Urteils oder ohne Anfechtung der Urteilsformel auch gegen die Urteilsgründe richten.

(3) Die Berufung kann aus einem sachlichen und aus einem das Verfahren betreffenden Grund eingelegt werden.

(4) Die Berufung hat hinsichtlich der Rechtskraft des angefochtenen Teiles des Urteils aufschiebende Wirkung.

Berufungsberechtigte

§ 188. (1) Berufung können einlegen:

I. der Staatsanwalt, und zwar zugunsten wie auch zuungunsten des Beschuldigten;

II. zugunsten des Beschuldigten:
   a) der Beschuldigte selbst oder statt seiner sein Ehegatte,
   b) wenn aber der Beschuldigte nicht volljährig ist, sein gesetzlicher Vertreter — letzterer auch gegen den ausdrücklichen Willen des Beschuldigten —, der Erbe des Beschuldigten, jedoch nur gegen den Teil des Urteils, in dem eine, den zivilrechtlichen Anspruch betreffende vermögensrechtliche Entscheidung enthalten ist;

III. zuungunsten des Beschuldigten:
   a) der Privatkläger,
   b) die Privatpartei, jedoch nur gegen die Entscheidung, durch die ihr zivilrechtlicher Anspruch sachlich erledigt wird;

IV. diejenigen Personen, denen gegenüber das Urteil eine Anordnung enthält, gegen diese Anordnung.

(2) Gegen die Anordnung der Sicherungsverwahrung ist auch der gesetzliche Vertreter des volljährigen Beschuldigten zur Einlegung der Berufung befugt, auch wenn der Beschuldigte dies mißbilligt. Dasselbe Recht steht auch dem Ehegatten des Beschuldigten zu.

Einlegung und Inhalt der Berufung

§ 189. (1) Derjenige, dem das Urteil durch Verkündung mitgeteilt worden ist, kann nach der Verkündung auf der Stelle Berufung einlegen bzw. eine Erklärung abgeben, daß er sich mit dem Urteil zufrieden gibt. Er kann sich auch zur Einlegung seiner Berufung eine dreitägige Frist vorbehalten. Gegen die Versäumnis dieser Frist findet keine Wiedereinsetzung statt.

(2) Ist das Urteil dem Berufungsberechtigten durch Zustellung mitgeteilt worden, so ist die Berufung binnen acht Tagen nach Zustellung einzulegen. Binnen drei Tagen nach der Verkündung ist die Berufung dann einzulegen, wenn das Urteil durch Verkündung mitgeteilt worden ist und der Berechtigte sich diese Frist bei der Verkündung vorbehalten hat. In

diesen Fällen ist die Berufung bei dem in erster Instanz erkennenden Gericht zu Protokoll zu geben oder schriftlich einzulegen.

(3) Der Ehegatte und der gesetzliche Vertreter des Beschuldigten können in der dem Beschuldigten offenstehenden Frist, der Erbe kann binnen acht Tagen nach der Urteilsverkündung Berufung einlegen.

Abs. (4) (Durch § 73 StPON außer Kraft gesetzt.)

§ 190. (1) In der Berufung ist darzulegen, weshalb der Beschwerdeführer das Urteil anficht; ist aber die genaue Bezeichnung des Berufungsgrundes versäumt worden, so kann deshalb die sachliche Entscheidung über die Berufung nicht verweigert werden. In der Berufung kann auch ein solcher Beweis angetreten werden, den der Beschwerdeführer während des erstinstanzlichen Verfahrens ohne Schuld nicht antreten konnte; es kann auch um eine Beweiserhebung nachgesucht werden, von der das erstinstanzliche Gericht abgesehen hat.

(2) Die Berufung kann eingehend begründet werden. Ist das Urteil durch Verkündung mitgeteilt worden, so ist die eingehende Begründung binnen acht Tagen nach der Verkündung vorzulegen. Der Berufungsberechtigte kann gleichzeitig mit der Berufung um Zustellung des Urteils nachsuchen. Im Falle der Zustellung kann der Beschwerdeführer die eingehende Berufungsbegründung binnen acht Tagen nach der Zustellung einreichen. Wird das Urteil nicht durch Verkündung, sondern durch Zustellung mitgeteilt, so ist die eingehende Berufungsbegründung zugleich mit der Berufung einzureichen.

Stellungnahme zu der Berufung

§ 191. Von der Einlegung der Berufung — sofern diese nicht bei der Verkündung des Urteils eingelegt worden ist — benachrichtigt das Gericht die andere Partei. Die andere Partei kann zu der Berufung bis zur Einsendung der Akten beim erstinstanzlichen Gericht, nach der Einsendung der Akten aber beim zweitinstanzlichen Gericht — spätestens bis zum dritten Tage vor der Verhandlung — Stellung nehmen.

Zurücknahme der Berufung

§ 192. (1) Der Beschwerdeführer kann, solange sich das Gericht nicht zur Urteilsfällung in zweiter Instanz zurückgezogen hat, seine Berufung zurücknehmen. Die Berufung des Ehegatten kann auch vom Beschuldigten zurückgenommen werden.

(2) Die zugunsten des Beschuldigten von einem anderen eingelegte Berufung kann der Einleger nur mit Einwilligung des Beschuldigten zurücknehmen. Diese Vorschrift bezieht sich nicht auf die Berufungsverwahrung.

(3) Die zurückgenommene Berufung kann auch dann nicht erneut eingelegt werden, wenn die Berufungsfrist noch nicht abgelaufen ist.

§ 193. (1) Ist die zur Einlegung und zur Begründung der Berufung zulässige Frist für sämtliche Beteiligten abgelaufen, so sendet das Gericht, das in erster Instanz erkannt hat, die Akten mit den Berufungen und Berufungsbegründungen auf der Stelle an das zweitinstanzliche Gericht. Die Übersendung erfolgt beim Privatklageverfahren unmittelbar, in den übrigen Fällen aber durch Vermittlung des beim erstinstanzlichen Gericht tätigen Staatsanwalts; der Staatsanwalt hat dann die Pflicht, die Sache binnen drei Tagen dem beim zweitinstanzlichen Gericht tätigen Staatsanwalt zu übersenden.

(2) Ist die Berufung auf die Verletzung einer prozeßrechtlichen Norm gestützt worden und sind diese Umstände aus den Akten nicht ersichtlich, so gibt das Gericht, das in erster Instanz das Verfahren durchgeführt hat, hierüber in der Übersendungsschrift Aufschluß.

(3) Der beim zweitinstanzlichen Gericht tätige Staatsanwalt hat die Pflicht, die ihm zugesandten Akten samt seinem Antrag oder seiner anderweitigen Äußerung binnen fünf Tagen dem zweitinstanzlichen Gericht zuzusenden. Nimmt er aber die Berufung zurück und ist keine andere Berufung eingelegt, so sendet er die Akten mit der die Zurücknahme betreffenden Äußerung an das erstinstanzliche Gericht zurück.

Aufgaben des Vorsitzenden des Senats

§ 194. (1) Der Vorsitzende des Senats hat die folgenden Aufgaben:

a) ist weder aus der Berufung noch aus den übrigen Angaben in der Sache zu erkennen, warum der Beschwerdeführer das Verfahren bzw. das Urteil des erstinstanzlichen Gerichts für gesetzesverletzend hält, so fordert er den Beschwerdeführer auf, seine Berufung binnen drei Tagen zu ergänzen;

b) wenn notwendig, trifft er Verfügungen zum Zwecke der Heilung der Mängel sowie der Ergänzung der Akten, der Besorgung neuer Schriftstücke, der Übersendung der Akten an den Staatsanwalt oder der Beschaffung des entsprechenden Aufschlusses durch das erstinstanzliche Gericht;

c) sind sämtliche Berufungen zurückgenommen worden, so sendet er die Akten an das erstinstanzliche Gericht zurück.

(2) Liegt zu einer im Abs. 1 bezeichneten Verfügung kein Bedürfnis vor oder ist die unter a) bestimmte Frist abgelaufen, so setzt der Vorsitzende des Senats den Verhandlungstermin in der Sache fest.

(Abs. 3—4 durch § 76 Abs. 3 der StPON außer Kraft gesetzt.)

Berufungsverhandlung

§ 195.*) (1) Das Gericht hat die Pflicht, jede Sache binnen fünfzehn Tagen nach dem Eingang der Akten zu verhandeln.

(2) Vom Tage der Berufungsverhandlung sind die Parteien sowie ihre Vertreter sowie diejenigen, die Berufung eingelegt haben, zu benachrichtigen. In der Benachrichtigung ist darauf hinzuweisen, daß das Ausbleiben des Benachrichtigten die Durchführung der Verhandlung nicht hindert; diese Vorschrift bezieht sich nicht auf die Benachrichtigung des Staatsanwalts sowie im Falle der verbindlichen Verteidigung auf die Benachrichtigung des Verteidigers. Die Liste der an einem Tage zu verhandelnden Sachen ist bei dem Berufungsgericht spätestens fünf Tage vor der Verhandlung anzuschlagen. Gegen die Versäumung des Termins der Berufungsverhandlung findet keine Wiedereinsetzung statt.

(3) Die Benachrichtigung ist so auszufertigen, daß ihre Zustellung spätestens fünf Tage vor dem Verhandlungstermin erfolgt.

---

*) Vgl. Nachtrag § 11 (2).

(4) Hat der Staatsanwalt den Wunsch geäußert, der Verhandlung beizuwohnen, so kann die Berufungsverhandlung ohne die Anwesenheit des Staatsanwalts nicht durchgeführt werden.

§ 196. (1) Auf die Berufungsverhandlung sind die für die erstinstanzliche Verhandlung geltenden Vorschriften mit der folgenden Abweichung anzuwenden.

(2) In der Verhandlung wird über die Sache von dem vom Vorsitzenden des Senats bezeichneten Richter Bericht erstattet. Im Bericht erläutert dieser das erstinstanzliche Urteil, die Berufung (die Verwahrung) und den Inhalt der Akten, sofern deren Kenntnis zur Beurteilung der Berufung (der Verwahrung) oder ganz allgemein zur entsprechenden Überprüfung der ganzen Sache notwendig ist.

(3) Nach Beendigung des Berichts über die Sache können die Mitglieder des Senats sowie die Parteien und ihre Vertreter weitere Aufschlüsse verlangen. Hiernach wird die Berufungsbegründung vom Beschwerdeführer und von dessen Vertreter mündlich dargelegt. Darauf kann die Gegenpartei und ihr Vertreter antworten. Hat der Staatsanwalt Verwahrung bzw. der Privatkläger Berufung eingelegt, so sind erst diese anzuhören.

§ 197. (1) Das zweitinstanzliche Gericht überprüft — ungeachtet dessen, von wem und aus welchem Grunde Berufung eingelegt wurde — das mit der Berufung (Verwahrung) angefochtene Urteil des Gerichts, das in erster Instanz erkannt hat, sowie das vorangegangene gerichtliche Verfahren in vollem Umfang, doch ist es an den erstinstanzlich festgestellten Tatbestand gebunden.

(2) Im Falle mehrerer Beschuldigter kann das zweitinstanzliche Gericht das Urteil und das vorangegangene ganze gerichtliche Verfahren — ausgenommen den Fall des Abs. 3 — nur hinsichtlich derjenigen Beschuldigten überprüfen, auf die sich die Berufung bezieht.

(3) Stellt das zweitinstanzliche Gericht eine in § 202 a)—f) genannte Verletzung einer Verfahrensvorschrift fest, oder ist der Beschuldigte freizusprechen bzw. das Verfahren aus einem in § 200 Abs. 2 genannten Grund einzustellen, so ist auch derjenige Teil des Urteils aufzuheben bzw. abzuändern, der sich auf jenen Beschuldigten bezieht, für den keine Berufung (Verwahrung) eingelegt worden ist, vorausgesetzt, daß diese Gründe auch bezüglich der Anordnungen des ihm gegenüber gefällten Urteils vorliegen.

(4) Falls sich die Berufung (Verwahrung) ausschließlich gegen denjenigen Teil des Urteils des in erster Instanz erkennenden Gerichts richtet, der sich auf die Kosten des Strafprozesses bezieht, kann das zweitinstanzliche Gericht nur diese Frage überprüfen.

§ 198. Wurden sämtliche Berufungen (Verwahrungen) zurückgenommen, so findet keine Sachprüfung statt.

§ 199. Falls das zweitinstanzliche Gericht das Urteil des in erster Instanz erkennenden Gerichts abändert, erläßt es ein Urteil, während es in den übrigen Fällen durch Beschluß entscheidet.

§ 200. (1) Das zweitinstanzliche Gericht:

a) übersendet, falls es zur Aburteilung der Sache sachlich oder örtlich nicht zuständig ist, die Akten an dasjenige Gericht oder an diejenige andere Behörde, zu dessen bzw. zu deren sachlichen und örtlichen Zuständigkeit die Sache gehört;

b) weist die Berufung (Verwahrung) zurück, wenn die Berufung verspätet oder von einem Nichtberechtigten eingelegt worden ist.

(2) Das zweitinstanzliche Gericht hebt das Urteil auf und stellt das Verfahren ein:

a) wenn der Beschuldigte, nachdem das in erster Instanz erkennende Gericht sein Urteil gefällt hat, gestorben ist bzw. wenn er infolge Begnadigung oder Verjährung nicht strafbar ist oder wenn ein anderer die Strafbarkeit aufhebender Umstand vorliegt;
b) wenn das in erster Instanz erkennende Gericht trotz Fehlens des für das Verfahren erforderlichen Strafantrags, der Ermächtigung oder des Strafverlangens[1]) ein Urteil gefällt hat;
c) wenn die dem Urteil zugrunde liegende Handlung bereits früher rechtskräftig abgeurteilt worden ist.

(3) Die die Einziehung, Vermögenseinziehung oder Feststellung des zivilrechtlichen Anspruchs betreffenden Anordnungen des nach Abs. 2 a) aufgehobenen Urteils sind auch in diesem Falle aufrechtzuerhalten, vorausgesetzt, daß hinsichtlich dieser Fragen keine Berufung (Verwahrung) eingelegt worden ist; ist auch insoweit Berufung (Verwahrung) eingelegt, so ist sie abzuurteilen.

§ 201. Das zweitinstanzliche Gericht hebt das Urteil des in erster Instanz erkennenden Gerichts auf und verweist die Sache zur erneuten Verhandlung an das erstinstanzliche Gericht, wenn das erstinstanzliche Gericht:

a) die Vorschriften des Strafverfahrens verletzt hat,
b) sein Urteil der Grundlage entbehrt,
c) die materiellen Strafgesetze verletzt oder unrichtig angewendet hat.

§ 202. Auf Grund des § 201 a) wird das erstinstanzliche Urteil aufgehoben, wenn

a) das Gericht nicht ordnungsgemäß besetzt war,
b) an der Urteilsfällung ein im Sinne des Gesetzes ausgeschlossener Richter oder ein Richter teilgenommen hat, der in der Verhandlung nicht bis zum Schluß anwesend war,
c) das Gericht seine sachliche Zuständigkeit überschritten bzw. sich bei einer zu seiner sachlichen Zuständigkeit gehörenden Sache für nicht zuständig erklärt hat oder eine die ausschließliche örtliche Zuständigkeit betreffende Rechtsnorm verletzt hat,
d) die Verhandlung ohne die Teilnahme einer Person abgehalten worden ist, deren Anwesenheit vom Gesetz bindend vorgeschrieben ist,
e) die Öffentlichkeit ohne gesetzlichen Grund ausgeschlossen worden ist,
f) eine in a)—e) nicht genannte Verletzung von Verfahrensvorschriften geschah, die auf das Urteil einen wesentlichen Einfluß ausgeübt hat. Als eine solche ist es vornehmlich anzusehen, wenn den Parteien ihre gesetzlich zustehenden Rechte im gerichtlichen Verfahren entzogen wurden oder deren Ausübung beschränkt wurde und hierdurch die richtige Aburteilung der Sache verhindert worden ist.

§ 203. (1) Aus dem Grunde, daß das Urteil der Grundlage entbehrt, wird nach § 201 b) das Urteil dann aufgehoben, wenn

---

[1]) Nämlich einer ausländischen Regierung (Anmerkung des Übersetzers).

a) die Feststellung des Tatbestandes mangelhaft ist, mit dem Inhalt der Akten in Widerspruch steht oder das Gericht aus den einzelnen festgestellten Tatsachen bezüglich weiterer Tatsachen unrichtige Folgerungen gezogen hat,
b) die Sache nicht genügend geklärt ist,
c) das Gericht seiner in § 184 Abs. 3 umschriebenen Pflicht nicht genügt hat und deshalb nicht festzustellen ist, auf welcher Grundlage das Urteil ergangen ist.

(2) Auch im Falle des Abs. 1 kann das Urteil nur dann aufgehoben werden, wenn der Mangel auf die Schuldfeststellung oder die Strafzumessung wesentlichen Einfluß hatte.

§ 204. (1) Aus dem im § 201 c) genannten Grund wird das Urteil aufgehoben, wenn das in erster Instanz erkennende Gericht:
a) ein materielles Strafgesetz, das es hätte anwenden sollen, nicht angewandt hat,
b) ein materielles Strafgesetz angewandt hat, welches nicht anwendbar war,
c) ein materielles Strafgesetz entgegen seinem richtigen Sinn angewandt hat.

(2) Auch im Falle des Abs. 1 kann das erstinstanzliche Urteil nur dann aufgehoben werden, wenn der Irrtum des erstinstanzlichen Gerichts zur Folge hatte, daß das Gericht eine wesentlich andere Strafe ausgesprochen hat, als die, die das Gericht bei entsprechender Anwendung der Rechtsnorm hätte aussprechen sollen; jedoch wird auch in diesem Fall das Urteil nicht aufgehoben, wenn gemäß § 205 Abs. 2 zu entscheiden ist.

§ 205. (1) Nimmt das zweitinstanzliche Gericht auf Grund der Akten an, daß die Handlung des Beschuldigten einer milderen rechtlichen Beurteilung unterliegt oder daß die ausgesprochene Strafe unverhältnismäßig hoch ist, so ändert es den die rechtliche Beurteilung bzw. die Strafzumessung enthaltenden Teil des erstinstanzlichen Urteils ab.

(2) Den die rechtliche Beurteilung enthaltenden Teil des erstinstanzlichen Urteils kann das zweitinstanzliche Gericht auch dann abändern, wenn in Ermangelung einer zuungunsten des Beschuldigten eingelegten Berufung (Verwahrung) keine schwerere Strafe ausgesprochen werden kann (§ 209 Abs. 1), sofern das in erster Instanz erkennende Gericht die materiellen Strafgesetze in der in § 204 Abs. 1 umschriebenen Weise verletzt hat.

(3) Kommt das zweitinstanzliche Gericht auf Grund der Akten zu dem Ergebnis, daß der Beschuldigte freizusprechen ist, so spricht es den Beschuldigten von der gegen ihn erhobenen Anklage frei.

(4) Entscheidet das zweitinstanzliche Gericht im Urteil ausschließlich über den den zivilrechtlichen Anspruch oder die Verfahrenskosten betreffenden Teil des Urteils des in erster Instanz erkennenden Gerichts und hält es die Berufung (Verwahrung) für unbegründet, so weist es die Berufung zurück; hält es die Berufung für begründet, so ändert es diesen Teil des Urteils; kann das zweitinstanzliche Gericht in einem solchen Falle über den zivilrechtlichen Anspruch auf Grund der Akten keine Entscheidung treffen, so hebt es diesen Teil des erstinstanzlichen Urteils auf und

weist die den zivilrechtlichen Anspruch erhebende Partei an, ihren Anspruch auf einem anderen gesetzlichen Wege geltend zu machen.

§ 206. (1) Der aufhebende Beschluß hat den Inhalt des erstinstanzlichen Urteils, die Gründe für die Aufhebung, die Stellungnahme des zweitinstanzlichen Gerichts, sodann die Hinweise für das neue Verfahren mit der Weisung zu enthalten, von welchem Abschnitt an das Verfahren zu wiederholen ist.

(2) Das zweitinstanzliche Gericht kann anordnen, daß die Sache vor einem anderen Senat des erstinstanzlichen Gerichts oder vor einem anderen Gericht mit demselben Gerichtsstand verhandelt werden soll.

§ 207. Das zweitinstanzliche Gericht weist die Berufung (Verwahrung) zurück, wenn es die Berufung (Verwahrung) für unbegründet hält und das Urteil auch aus einem anderen Grunde nicht abzuändern oder aufzuheben ist.

§ 208. (1) Das erstinstanzliche Gericht beurteilt die Sache nach Aufhebung des Urteils gemäß den Hinweisen des zweitinstanzlichen Gerichts.

(2) Das vom erstinstanzlichen Gericht im Rahmen der wiederholten Verhandlung gefällte neue Urteil kann nach den allgemeinen Bestimmungen durch Berufung (Verwahrung) angefochten werden.

§ 209. (1) Ist gegen das Urteil des erstinstanzlichen Gerichts zuungunsten des Beschuldigten keine Berufung (Verwahrung) eingelegt worden, so kann die Strafe in dem neuen Verfahren — ausgenommen der Fall des Abs. 2 — nicht verschärft werden.

(2) Die Strafe des Beschuldigten kann, auch wenn keine Berufung (Verwahrung) zu seinen Ungunsten eingelegt wurde, verschärft werden, wenn sich unter Berücksichtigung der während des wiederholten Verfahrens gemachten neuen Tatfeststellungen erweist, daß der Beschuldigte auch noch eine andere strafbare Handlung begangen hat oder daß seine Handlung schwerer zu beurteilen ist.

§ 210. (1) Nach Erledigung der Berufung werden die Akten mit den Ausfertigungen der Entscheidung vom zweitinstanzlichen Gericht an das in erster Instanz erkennende Gericht zurückgesandt. Entscheidet das zweitinstanzliche Gericht auf Grund einer Verhandlung, so wird auch das Verhandlungsprotokoll dem erstinstanzlichen Gericht übersandt.

(2) Das erstinstanzliche Gericht läßt die Entscheidung des zweitinstanzlichen Gerichts dem Staatsanwalt und den übrigen Beteiligten, die in der Berufungsverhandlung nicht anwesend waren, zustellen.

Berufung gegen Beschlüsse

§ 211. (1) Gegen den Beschluß des erstinstanzlichen Gerichts ist — mit Ausnahme des in erster Instanz ergangenen Beschlusses des Obersten Gerichts — Berufung bzw. seitens des Staatsanwalts Berufungsverwahrung zulässig, sofern diese nicht vom Gesetz ausgeschlossen wird.

(2) Über die Berufung entscheidet das zweitinstanzliche Gericht.

(3) Gegen einen Beschluß können die in § 188 I—III Bezeichneten und alle diejenigen, die durch eine Anordnung in dem Beschluß betroffen werden, Berufung einlegen.

(4) Wird der Beschluß durch Verkündung mitgeteilt, so ist die Berufung anläßlich der Verkündung mündlich einzulegen; eine eingehende Begründung kann binnen acht Tagen eingereicht werden. Ist der Beschluß durch Zustellung mitgeteilt worden, so ist die Berufung mit ihrer Begründung binnen acht Tagen nach der Zustellung mündlich oder schriftlich bei demjenigen Gericht einzulegen, das die Zustellung des Beschlusses angeordnet hat. § 172 Abs. 3 ist auch für die in der Verhandlung ergangenen Beschlüsse maßgebend.

(5) Die Berufung hat hinsichtlich der Vollstreckung des angefochtenen Beschlusses nur in den Fällen aufschiebende Wirkung, in denen dies vom Gesetz angeordnet wird. Doch kann bei Vorliegen eines schwerwiegenden Grundes der Vollzug des Beschlusses von dem erstinstanzlichen wie auch von dem zweitinstanzlichen Gericht bis zur Entscheidung über die Berufung ausgesetzt worden.

§ 212. (1) Die Entscheidung über die gegen den Beschluß eingelegte Berufung erfolgt in nicht öffentlicher Sitzung durch Beschluß.

(2) Ist in der Berufung über die Frage:

a) der in der Verhandlung erfolgten Einstellung oder Aussetzung des Verfahrens,

b) der Einziehung oder Vermögenseinziehung (§ 229),

zu beschließen, so wird vom Berufungsgericht eine Verhandlung durchgeführt. Für die Terminsanberaumung und die Durchführung der Verhandlung sind die §§ 194—196 maßgebend.

(3) Vor der sachlichen Entscheidung über die Berufung kann der Vorsitzende die Ergänzung der Akten anordnen und die nötigen Aufschlüsse von demjenigen Gericht einholen, das den angefochtenen Beschluß erlassen hat.

(4) Hält das zweitinstanzliche Gericht die Berufung für begründet, so hebt es den angefochtenen Beschluß auf; sofern es notwendig ist, weist es gleichzeitig das in erster Instanz erkennende Gericht an, ein neues Verfahren durchzuführen; bedarf der dem Beschluß zugrunde liegende Sachverhalt keiner Ergänzung und kann der Beschluß auf Grund desselben überprüft werden, so ändert das zweitinstanzliche Gericht den Beschluß ab und fällt die dem Gesetz entsprechende Entscheidung. Erachtet das zweitinstanzliche Gericht die Berufung für unbegründet, so weist es sie zurück.

(5) Sofern sich aus dem Gesetz nichts anderes ergibt, sind die Bestimmungen, die sich auf die gegen ein Urteil eingelegte Berufung beziehen, auch für die gegen einen Beschluß eingelegte Berufung entsprechend anzuwenden.

XI. Kapitel

Wiederaufnahme des Verfahrens — Rechtsmittel im Interesse der Gesetzlichkeit

Wiederaufnahme des Verfahrens

§ 213. (1) In einer durch rechtskräftiges Urteil oder rechtskräftigen Beschluß des Gerichts abgeschlossenen Sache findet die Wiederaufnahme des Verfahrens statt, wenn:

1. im Grundverfahren eine falsche oder gefälschte Urkunde als echt zum Beweis verwendet worden ist oder eine falche Zeugenaussage bzw. ein falsches Sachverständigengutachten abgegeben (eine falsche Übersetzung vorgelegt) worden ist;
2. ein Mitglied des Gerichts in Verbindung mit dem Verfahren seine Amtspflicht in einer gegen das Strafgesetz verstoßenden Weise verletzt hat;
3. hinsichtlich des Beschuldigten wegen derselben strafbaren Handlung mehrere Urteile ergangen sind;
4. hinsichtlich einer im Grundverfahren vorgebrachten oder nicht vorgebrachten Tatsache ein neues Beweismittel beigebracht worden ist, das es wahrscheinlich macht, daß der Beschuldigte freizusprechen ist oder nur wegen einer milderen strafbaren Handlung schuldig gesprochen werden kann, bzw. daß der Beschuldigte zu verurteilen oder wegen einer schwereren strafbaren Handlung zu verurteilen ist.

(2) Im Falle des Abs. 1 Ziff. 1 und 2 findet eine Wiederaufnahme des Verfahrens nur dann statt,

a) wenn die als Grund zur Wiederaufnahme genannte strafbare Handlung auf die Entscheidung des Gerichts Einfluß hatte, und
b) wenn die als Grund der Wiederaufnahme genannte strafbare Handlung durch ein rechtskräftiges Urteil festgestellt worden ist oder eine solche Verurteilung nicht mangels Beweises, sondern aus einem anderen Grund ausgeschlossen war.

(3) Ist im Grundverfahren das Urteil in einer nach § 154 Abs. 4 in Abwesenheit des Beschuldigten durchgeführten Verhandlung ergangen, so ist die Wiederaufnahme des Verfahrens auch ohne die in der vorstehenden Bestimmung genannten Vorbedingung aus dem Grunde statthaft, daß der Beschuldigte in Folge seiner Abwesenheit nicht imstande war, seine Verteidigung auszuüben.

§ 214. (1) Eine Wiederaufnahme des Verfahrens findet zugunsten wie auch zuungunsten des Beschuldigten statt.

(2) Der Umstand, daß der Beschuldigte seine Strafe verbüßt hat, schließt die Wiederaufnahme des Verfahrens nicht aus; auch wird die Wiederaufnahme des Verfahrens zugunsten des Beschuldigten nicht dadurch ausgeschlossen, daß die Strafbarkeit des Beschuldigten erloschen ist.

(3) Eine Wiederaufnahme des Verfahrens zuungunsten des Beschuldigten findet nur zu Lebzeiten des Beschuldigten und nur innerhalb der Verjährungsfrist statt; diese Beschränkung bezieht sich nicht auf die Wiederaufnahme des Verfahrens zugunsten des Beschuldigten.

§ 215. (1) Der Staatsanwalt kann die Wiederaufnahme des Verfahrens zugunsten des Beschuldigten wie auch zu dessen Ungunsten beantragen. Wenn einem Gericht oder einer anderen Behörde ein Umstand bekannt wird, auf Grund dessen eine Wiederaufnahme des Verfahrens beantragt werden kann, so besteht die Pflicht, hiervon denjenigen Staatsanwalt zu benachrichtigen, der im Grundverfahren bei dem in erster Instanz erkennenden Gericht tätig ist.

(2) Zuungunsten des Beschuldigten kann der Privatkläger nur dann um Wiederaufnahme des Verfahrens nachsuchen, wenn der Beschuldigte nicht schuldig befunden worden ist.

(3) Zugunsten des Beschuldigten kann um die Wiederaufnahme des Verfahrens nachgesucht werden:

a) vom Beschuldigten selbst oder an seiner Statt von seinem Ehegatten;

b) vom gesetzlichen Vertreter des jugendlichen Beschuldigten, auch gegen dessen ausdrücklichen Willen;

c) vom Verteidiger und zwar auch gegen den ausdrücklichen Willen des Beschuldigten;

d) von jedem Verwandten des Beschuldigten in gerader Linie, doch nur nach dessen Tode.

(4) Auf der Grundlage des § 213 Abs. 3 können nur die zugunsten des Beschuldigten Befugten und nur in dem Fall um Wiederaufnahme des Verfahrens nachsuchen, wenn sich der Beschuldigte wieder auf dem Landesgebiet befindet.

§ 216. (1) Das Gesuch um Wiederaufnahme des Verfahrens ist bei dem Staatsanwalt, der bei dem erstinstanzlichen Gericht tätig ist, schriftlich einzulegen oder mündlich zu Protokoll zu geben. Im Gesuch sind der Grund des Gesuches und die Beweise anzugeben; doch ist die mangelhafte Bezeichnung des Grundes an sich kein Hindernis für die Wiederaufnahme des Verfahrens.

(2) Der Staatsanwalt prüft das bei ihm eingelegte Gesuch um Wiederaufnahme des Verfahrens; ist es offensichtlich unbegründet, so verwirft er es durch einen begründeten Beschluß.

(3) Hält der Staatsanwalt das Wiederaufnahmegesuch für begründet oder wird von ihm selbst die Initiative dazu ergriffen, so hat er die Pflicht, für die nötigen Ermittlungen zu sorgen.

(4) Hält der Staatsanwalt nach dem Ergebnis der Ermittlungen die Wiederaufnahme des Verfahrens für notwendig, so legt er seinen Wiederaufnahmeantrag mit den Akten über den obersten Staatsanwalt dem Obersten Gericht vor. Das Wiederaufnahmegesuch, das sich nach dem Ergebnis der Ermittlungen als unbegründet erwiesen hat, wird vom Staatsanwalt abgelehnt.

(5) Gegen die Ablehnung des Wiederaufnahmegesuchs ist die Beschwerde beim obersten Staatsanwalt zulässig.

§§ 217—220. (Durch § 82 Abs. 1 StPON außer Kraft gesetzt.)

§ 221. (1) Das Oberste Gericht entscheidet über den Antrag auf Wiederaufnahme des Verfahrens in nichtöffentlicher Sitzung. Hält es den Wiederaufnahmeantrag für begründet, so hebt es das angefochtene Urteil durch Beschluß auf und verweist die Sache an das in erster Instanz erkennende Gericht zur Verhandlung in der Sache selbst; gleichzeitig kann es die Vollstreckung jeder im Grundverfahren ergangenen Anordnung aussetzen bzw. unterbrechen oder die nötige sichernde Verfügung erlassen.

(2) Hält das Oberste Gericht den Antrag auf Wiederaufnahme des Verfahrens für unbegründet, so verwirft es ihn durch Beschluß, indem es die

Akten mit den Ausfertigungen seiner Entscheidung an das erstinstanzliche Gericht, das das Grundverfahren durchgeführt hat, zurücksendet.

(3) Das erstinstanzliche Gericht läßt die Entscheidung des Obersten Gerichts dem Staatsanwalt sowie demjenigen zustellen, der das Gesuch um Wiederaufnahme des Verfahrens eingereicht hat; wird aber das Urteil aufgehoben, so benachrichtigt es — unter gleichzeitiger Festsetzung des Verhandlungstermins — die Parteien sowie auch die übrigen Beteiligten, die durch das im Grundverfahren ergangene Urteil betroffen wurden.

§ 221 A. (1) Im Falle der Aufhebung des Urteils sind auf die Verhandlung des erstinstanzlichen Gerichts die Bestimmungen des VIII. Kapitels mit den sich aus dem Charakter der Wiederaufnahme des Verfahrens ergebenden sinngemäßen Abweichungen anzuwenden.

(2) Dem Beschuldigten ist statt der Mitteilung der Anklageschrift in dem Ladungsbeschluß über das Wesen des Wiederaufnahmeantrags Aufschluß zu erteilen, während in der Verhandlung die Anklageschrift und der Wiederaufnahmeantrag vorzutragen sind.

§ 221 B. Ist die Wiederaufnahme des Verfahrens zugunsten des Beschuldigten beantragt worden, so kann das Urteil nicht zuungunsten des Beschuldigten verschärft werden.

§ 222. Die Bestimmungen der §§ 221 und 221 A sind auch dann entsprechend anzuwenden, wenn die Wiederaufnahme des Verfahrens gegen einen rechtskräftigen Einstellungsbeschluß beantragt worden ist, jedoch mit der Abweichung, daß der im Grundverfahren ergangene Einstellungsbeschluß ebenfalls durch Beschluß aufrechtzuerhalten ist.

§ 223. Gegen Beschlüsse, die während des Wiederaufnahmeverfahrens ergangen sind, kann nach den allgemeinen Vorschriften Berufung eingelegt werden.

§ 224. Im Falle der Wiederaufnahme des Verfahrens ist über den durch das Urteil sachlich abgeurteilten zivilrechtlichen Anspruch erneut zu entscheiden, wenn dies entweder vom Beschuldigten oder von der Privatpartei beantragt wird. Eine Wiederaufnahme des Verfahrens nur über den zivilrechtlichen Anspruch kann jedoch nur vor dem Zivilgericht oder vor einer sonst zur Entscheidung über den Anspruch zuständigen Behörde aus den dafür genannten Gründen und gemäß dem dafür angeordneten Verfahren stattfinden; in diesem Verfahren wird vom erkennenden Gericht oder der anderen das Verfahren durchführenden Behörde derjenige Teil des strafgerichtlichen Urteils, der sich auf den zivilrechtlichen Anspruch bezieht, auf dieselbe Weise einer erneuten Beurteilung unterzogen, wie wenn das Urteil auf Grund eines von ihnen durchgeführten Verfahrens ergangen wäre.

Rechtsmittel im Interesse der Gesetzlichkeit

§ 225. Der oberste Staatsanwalt oder der Vorsitzende des Obersten Gerichts ist befugt, gegen die rechtskräftige Entscheidung, die von irgendeinem Gericht in einer Strafsache ergangen ist, beim Obersten Gericht Gesetzlichkeitsverwahrung einzulegen, wenn die Entscheidung die Gesetze verletzt oder der Grundlage entbehrt.

§ 226.*) (1) Die Gesetzlichkeitsverwahrung hat keine aufschiebende Wirkung; der oberste Staatsanwalt bzw. der Vorsitzende des Obersten Gerichts kann die Vollstreckung der von ihm durch Gesetzlichkeitsverwahrung angefochtenen Entscheidung aussetzen, unterbrechen oder die nötigen Sicherungsmaßnahmen anordnen.

(2) Über die Gesetzlichkeitsverwahrung entscheidet das Oberste Gericht in einem mit drei Berufsrichtern besetzten Senat. Zur Sitzung ist der oberste Staatsanwalt zu laden.

(3) Richtet sich die Gesetzlichkeitsverwahrung gegen eine Entscheidung des Obersten Gerichts, so entscheidet über sie der Präsidialsenat des Obersten Gerichts. An der Sitzung des Präsidialsenats nimmt der oberste Staatsanwalt teil.

(4) In den Fällen der Abs. 2 und 3 entscheidet der Senat in nichtöffentlicher Sitzung, doch sind seine Entscheidungen in öffentlicher Sitzung zu verkünden.

§ 227. (1) Erachtet das Oberste Gericht das im Interesse der Gesetzlichkeit eingelegte Rechtsmittel für begründet, so erklärt es, daß die angefochtene Entscheidung (die angefochtene Verfügung) das Gesetz verletzt.

(2) War das erkennende Gericht sachlich nicht zuständig oder ist ein Gesetz verletzt worden, das eine ausschließliche örtliche Zuständigkeit anordnet, so hebt das Oberste Gericht zugleich auch die angefochtene Entscheidung (die angefochtene Verfügung) auf und verweist die Sache an dasjenige Gericht oder an diejenige andere Behörde, zu deren sachlichen Zuständigkeit sie zugehört.

(3) Das Oberste Gericht kann auch außer auf Grund der in Abs. 1 gemachten Feststellungen die angefochtene Entscheidung aufheben; es kann dabei die Sache zu erneutem Verfahren an das Gericht zurückverweisen, das die gesetzverletzende Entscheidung erlassen hat oder selber eine Entscheidung in der Sache treffen.

(4) Das Oberste Gericht kann in seiner auf die Gesetzlichkeitsverwahrung ergangenen Entscheidung gegen den Beschuldigten keine nachteiligere Anordnung treffen als die, die in der aufgehobenen ausgesprochen war. Ist eine solche Entscheidung notwendig, so verweist das Oberste Gericht die Sache an dasjenige Gericht zurück, das die gesetzverletzende Entscheidung erlassen hat, vorausgesetzt, daß eine solche Entscheidung mit Rücksicht auf die Anordnungen in Abs. 5 stattfinden kann. Die Stellungnahme des Obersten Gerichts ist für das Gericht der unteren Instanz bindend.

(5) Als Folge einer Gesetzlichkeitsverwahrung kann eine für den Beschuldigten nachteiligere Anordnung als die, die in der aufgehobenen ausgesprochen war, vom erkennenden Gericht nur dann getroffen werden, wenn von dem Eintritt der Rechtskraft der angefochtenen Entscheidung bis zur Einlegung der Gesetzlichkeitsverwahrung noch kein Jahr vergangen ist.

(6) Das unbegründete Rechtsmittel wird vom Obersten Gericht zurückgewiesen.

---

*) Vgl. Nachtrag § 14.

(7) Außer in den Fällen der Abs. 2, 3 und 5 hat die Entscheidung für die Parteien und die übrigen Beteiligten keine Wirkung.

XII. Kapitel

Besondere Arten des Verfahrens

Gesamtstrafenbildung

§ 228. (1) Für die nachträgliche Zusammenfassung mehrerer Freiheitsstrafen, die durch mehrere rechtskräftige Urteile ausgesprochen, jedoch noch nicht vollstreckt worden sind, zu einer Gesamtstrafe (StGBA § 59), ist dasjenige erstinstanzliche Gericht zuständig, das oder dessen zweitinstanzliches Gericht die schwerste Strafe ausgesprochen hat. Ist dies nicht festzustellen, so hat dasjenige Gericht zu entscheiden, dessen Urteil zuletzt rechtskräftig geworden ist.

(2) Das Verfahren wird auf Antrag des Staatsanwalts oder des Beschuldigten eingeleitet.

(3) Das Gericht entscheidet über die Sache — notfalls nach vorangehender Anhörung der Parteien — in nichtöffentlicher Sitzung und beschließt die Gesamtstrafenbildung durch Urteil; die Ablehnung derselben erfolgt durch Beschluß. Die Entscheidung des Gerichts ist dem Staatsanwalt, dem Beschuldigten und dem Verteidiger durch Zustellung bekanntzugeben.

(4) Gegen die erstinstanzliche Entscheidung können die in § 188 I und II a), b) Genannten Berufung einlegen.

(5) Über die Berufung entscheidet das zweitinstanzliche Gericht ebenfalls in nichtöffentlicher Sitzung.

Einziehung — Vermögenseinziehung

§ 229. (1) Wenn nach dem Strafgesetz die Einziehung anzuordnen ist, das Verfahren gegen den Beschuldigten aber eingestellt worden ist bzw. der Beschuldigte sich an einem unbekannten Ort oder im Ausland aufhält oder gegen ihn das Verfahren wegen einer nach der Begehung der strafbaren Handlung aufgetretenen Geisteskrankheit ausgesetzt oder ein Verfahren gegen Niemand eingeleitet worden ist, so wendet sich der Staatsanwalt zum Zwecke der Anordnung der Einziehung an das Gericht. Für die Zuständigkeit ist § 30 maßgebend.

(2) Das Gericht beschließt über den Antrag nach der nötigen Beweisaufnahme in einer Verhandlung durch Beschluß.

(3) Zur Verhandlung sind nach Möglichkeit alle diejenigen zu laden, die auf die im Antrag bezeichnete Sache einen Anspruch haben können; sind sie aber unbekannt oder befinden sie sich an einem unbekannten Ort, so ist für sie ein Verteidiger zu bestellen. Die Geladenen können die dem Beschuldigten zustehenden Rechte ausüben, doch hindert ihr Ausbleiben die Durchführung der Verhandlung nicht.

(4) Die vorstehenden Vorschriften sind auch in denjenigen Fällen entsprechend anzuwenden, in denen nach einer besonderen Gesetzesvorschrift die Vermögenseinziehung anzuordnen ist.

Nachträgliche Anordnung der vorläufigen Festnahme und der Einziehung

§ 230. (1) Enthält das rechtskräftige Urteil über die Anrechnung der vorläufigen Festnahme keine Anordnung, so entscheidet das in erster Instanz erkennende Gericht — wenn notwendig nach der Anhörung des Staatsanwalts, des Beschuldigten und des Verteidigers — in nichtöffentlicher Sitzung.

(2) Wird in der Sache, nachdem das Verfahren durch rechtskräftiges Urteil abgeschlossen worden ist, die Einziehung notwendig und kann von einer neuen Beweisaufnahme abgesehen werden, so verfährt das in erster Instanz erkennende Gericht auf die in Abs. 1 bezeichnete Weise. Kann von der Beweisaufnahme nicht abgesehen werden, so ist auf das Verfahren § 229 entsprechend anzuwenden.

Entlassung, Verlängerung, Zurückversetzung in Sicherungsverwahrungsfällen

§ 231. (1) Im Falle der Unterbringung des Beschuldigten in Sicherungsverwahrung wird von dem Gericht, das in erster Instanz erkannt hat, drei Monate vor Ablauf der Verwahrungsdauer die Sache erneut geprüft, und wenn festgestellt wird, daß die verwahrte Person nicht mehr gemeingefährlich ist, die Entlassung aus der Verwahrung angeordnet, während im entgegengesetzten Fall die weitere Verwahrung auf die Dauer eines Jahres angeordnet wird. Dieses Verfahren ist so lange zu wiederholen, bis die in Sicherungsverwahrung untergebrachte Person — da die Gemeingefährlichkeit nicht mehr besteht — aus der Verwahrung entlassen wird.

(2) Die Sicherungsverwahrung ist außer dem in Abs. 1 bezeichneten Fall auch dann aufzuheben, wenn vom Gericht — als Ergebnis des entweder auf Antrag der in Sicherungsverwahrung befindlichen Person, ihres Ehegatten, gesetzlichen Vertreters oder Verteidigers, oder auf Antrag des Anstaltsvorstehers eingeleiteten Verfahrens — die Feststellung gemacht wird, daß die Geisteskrankheit des in Sicherungsverwahrung Befindlichen nicht mehr besteht.

(3) Das Gericht kann die Entlassung aus der Verwahrung von der Bedingung abhängig machen, daß die Angehörigen der in Sicherungsverwahrung befindlichen Person oder andere für die gehörige Aufsicht sorgen; es kann die Beaufsichtigung kontrollieren. Falls die Aufsicht versäumt wird, kann der Entlassene erneut in Verwahrung genommen werden.

(4) Über die Frage der Entlassung aus der Sicherungsverwahrung, ihrer Verlängerung sowie der Zurückverweisung in die Verwahrung entscheidet das Gericht in einer Verhandlung durch Beschluß und von Amts wegen. In der Verhandlung ist der Staatsanwalt, der Verteidiger und — je nach den Umständen — die in Sicherungsverwahrung befindliche Person anzu-

hören. Das Gericht kann, wenn es nach den Umständen des Falles erforderlich ist, auch die Vernehmung derjenigen Person anordnen, die in der Anstalt die psychiatrische Aufsicht über den in Sicherungsverwahrung Befindlichen gehabt hat.

Entschädigung

§ 232. (1) Ein Entschädigungsanspruch entsteht wegen der auf Grund der Entscheidung der Ermittlungsbehörde oder des Gerichts erlittenen vorläufigen Festnahme, wenn die Handlung, deretwegen die vorläufige Festnahme angeordnet worden ist, nicht von dem festgenommenen Beschuldigten begangen wurde oder wenn diese keine strafbare Handlung ist.

(2) Der Beschuldigte, der die Flucht ergriffen oder versucht hat, sie zu ergreifen, der bestrebt war, zur Vereitelung des Erfolgs des Strafverfahrens die Behörde irrezuführen oder der auf eine ihm zurechenbare Weise Grund dazu gegeben hat, daß der Verdacht der strafbaren Handlung auf ihn gelenkt werden soll, kann keinen Anspruch auf Entschädigung haben.

§ 233. (1) Wegen einer auf Grund eines rechtskräftigen Urteils erlittenen Freiheitsstrafe sowie wegen einer auf Grund eines solchen Urteils bezahlten oder eingetriebenen Geldstrafe hat der Beschuldigte nur dann Anspruch auf Entschädigung, wenn er im wiederaufgenommenen Verfahren bzw. infolge der Gesetzlichkeitsverwahrung rechtskräftig freigesprochen oder zu einer milderen Strafe verurteilt worden ist.

(2) Der Beschuldigte kann keine Entschädigung beanspruchen, wenn er:

a) im Grundverfahren die Tatsachen oder Beweise, die dem im Wiederaufnahmeverfahren ergangenen Urteil als Grundlage dienen, wissentlich verschwiegen hat,

b) gegen das verurteilende erstinstanzliche Urteil keine Berufung eingelegt hat.

§ 234. (1) Der Anspruch auf Entschädigung kann binnen sechs Monaten bei dem Gericht, das in erster Instanz erkannt hat, angebracht werden. Diese Frist ist von jenem Tage an zu rechnen, an dem im Falle des § 232 das rechtskräftige freisprechende Urteil oder der ebensolche Einstellungsbeschluß, im Falle des § 233 aber das im Verlauf des Wiederaufnahmeverfahrens ergangene rechtskräftige Urteil dem Beschuldigten mitgeteilt worden ist.

(2) Stirbt der Beschuldigte vor dem Abschluß des von ihm rechtzeitig eingeleiteten Wiederaufnahmeverfahrens oder stirbt er vor Ablauf der vorgeschriebenen Frist, ohne seinen Anspruch geltend zu machen, so können seine zum Unterhalt berechtigten Angehörigen um die Fortsetzung des Verfahrens nachsuchen bzw. binnen der vorgeschriebenen Frist den Entschädigungsanspruch geltend machen.

(3) Das Gericht, welches in erster Instanz das Verfahren durchgeführt hat, prüft nach Einholung des staatsanwaltschaftlichen Gutachtens die Frage, ob die Vorbedingungen für den Entschädigungsanspruch gegeben sind; sodann unterbreitet es sämtliche Akten und den Bericht, der sich auch auf die Beurteilung des dem Anspruch zugrunde liegenden Sach-

verhaltes erstreckt, dem Justizminister, der über den Entschädigungsanspruch entscheidet und, wenn er den Anspruch für begründet erachtet, dem Beschuldigten bzw. seinen zum Unterhalt berechtigten Angehörigen zu Lasten des Staates den entsprechenden Geldbetrag zukommen läßt.

Auslieferung

§ 235. (1) Ist gegen einen im Ausland befindlichen Beschuldigten, dem gegenüber die Auslieferung statthaft ist, ein Strafverfahren einzuleiten, so erläßt das Gericht auf Antrag des Staatsanwalts einen Haftbefehl; das Gericht erläßt ebenfalls einen Haftbefehl, wenn eine rechtskräftig erkannte Strafe gegen einen im Ausland befindlichen Beschuldigten zu vollstrecken ist. Der Haftbefehl wird vom Gericht zur Erwirkung der Auslieferung dem Justizminister vorgelegt.

(2) Die eingehenden Vorschriften über den Inhalt und die Beilagen der Vorlage werden unter Berücksichtigung der völkerrechtlichen Verträge (Übereinkommen) bzw. der Gegenseitigkeit vom Justizminister im Verordnungswege erlassen.

§ 236. (1) Wird von einer ausländischen Behörde um Auslieferung ersucht und ist ihrem Ersuchen ein Haftbefehl (Steckbrief), Anklagebeschluß, Strafurteil oder ein anderer Beschluß, der die gleiche Wirkung wie diese hat, beigelegt, so ist die gewünschte Person — vorausgesetzt, daß die Auslieferung stattfinden kann — festzunehmen. Gegen die Anordnung der Festnahme ist keine Berufung zulässig.

(2) Ist Gefahr im Verzug, so kann die Festnahme der gewünschten Person auf ein schriftliches, durch Depesche oder durch Fernsprecher übermitteltes Ersuchen der ausländischen Behörde auch ohne Vorliegen der in Abs. 1 genannten übrigen Erfordernisse angeordnet werden. Sofern sich aus dem völkerrechtlichen Vertrag (Übereinkommen) oder der Gegenseitigkeit nichts anderes ergibt, ist die Festnahme aufzuheben, wenn das dem Abs. 1 entsprechende Ersuchen nicht binnen drei Monaten nach Vollzug der Festnahme eintrifft.

(3) Das Gericht prüft eiligst, ob die Voraussetzungen der Auslieferung vorliegen, hört in nichtöffentlicher Sitzung den Staatsanwalt und die gewünschte Person an; sodann unterbreitet es die Akten mit Bericht dem Justizminister.

§ 237. (1) Über die Frage der Auslieferung entscheidet der Justizminister.

(2) Der Festgenommene kann, ausgenommen der Fall des § 236 Abs. 2, nur auf Grund des Beschlusses des Justizministers auf freien Fuß gesetzt werden.

Anordnungen bezüglich der Befreiung von den an das bestrafte Vorleben sich anschließenden Nachteilen

§ 238. (1) Findet die nachträgliche Befreiung von den an das bestrafte Vorleben sich anschließenden Nachteilen (Rehabilitation) nach dem Gesetz durch richterliche Entscheidung statt, so kann der Verurteilte entweder mündlich oder schriftlich unter Vorlage der nötigen Angaben und Beweise bei demjenigen Gericht darum nachsuchen, das in erster Instanz entschieden hat. Im Falle von mehreren Verurteilungen entscheidet das Gericht der höheren Zuständigkeit, bei Gerichten mit gleicher Zuständigkeit aber jenes, welches die schwerste Strafe verhängt hat; sind die mehreren Strafen gleich schwer, so kann irgendeines der letztgenannten Gerichte entscheiden.

(2) Ist das Urteil durch ein Militärgericht ergangen, so ist für das Verfahren das Militärgericht zuständig, und zwar auch dann, wenn die von ihm verhängte Strafe durch ein bürgerliches Strafgericht zu einer Gesamtstrafe zusammengefaßt oder vereinigt worden ist.

(3) Im Falle der Verurteilung durch mehrere Urteile, ist vom Verurteilten um die Aufhebung der an sämtliche Strafgerichtsurteile sich anschließenden Nachteile gemeinsam nachzusuchen.

§ 238 A. (1) Ist bereits aus dem Gesuch offenbar ersichtlich, daß die Voraussetzungen der Befreiung fehlen, so wird das Gesuch vom Gericht ohne Verhandlung abgelehnt. In den übrigen Fällen beschafft das Gericht die zur Beurteilung des Gesuchs nötigen Angaben und Beweise.

(2) Scheint es, daß das Gesuch auf Grund der zur Verfügung stehenden Angaben gewährt werden kann, und mißbilligt der Staatsanwalt die Gewährung nicht, so beschließt das Gericht, indem es von der Verhandlung Abstand nimmt, die Befreiung.

XIII. Kapitel

Vollstreckung der Strafentscheidungen — Kosten des Strafverfahrens

Vollstreckung

§ 239.*) (1) Das Urteil kann nur vollstreckt werden, nachdem es in Rechtskraft erwachsen ist.

(2) Das Urteil des erstinstanzlichen Gerichts erwächst an demjenigen Tag in Rechtskraft, an dem die zur Berufung Berechtigten sich mit dem Urteil einverstanden erklärt, die Berufungsfrist versäumt oder die Berufung zurückgenommen haben bzw. an dem das zweitinstanzliche Gericht die Berufung zurückgewiesen hat. Das zweitinstanzliche Urteil erwächst mit seinem Ergehen in Rechtskraft.

(3) Hinsichtlich der Vollstreckbarkeit des Beschlusses ist § 211 maßgebend.

(4) Für die Vollstreckung der verhängten Strafen und die Eintreibung der dem Staat zukommenden Strafverfahrenskosten hat das Gericht zu sorgen, das in erster Instanz das Verfahren durchgeführt hat.

§ 239 A. Sind für die Vollstreckung einer rechtskräftig verhängten Strafe gegen einen sich an einem unbekannten Ort aufhaltenden Beschuldigten Vorkehrungen zu treffen, so ordnet das Gericht — unter Berücksichtigung der in § 106 enthaltenen Vorschriften — die Wohnortsermittlung an oder es erläßt gegen den Beschuldigten einen Haftbefehl.

---

*) Vgl. Nachtrag § 16.

§ 240. (1) Die Todesstrafe kann nur dann vollstreckt werden, wenn dem Beschuldigten keine Begnadigung gewährt worden ist.

(2) Im Falle der Verhängung der Todesstrafe befragt der Vorsitzende nach Verkündung des Urteils den Beschuldigten auch darüber, ob er um Begnadigung nachsucht und fordert den Verteidiger auf, binnen drei Tagen das Gnadengesuch einzureichen.

(3) Nach Verkündung des Urteils gibt das Gericht nach Anhörung des Staatsanwalts in nichtöffentlicher Sitzung ein begründetes Gutachten darüber ab, ob es den Beschuldigten der Begnadigung für würdig erachtet.

(4) Im Falle der Verhängung der Todesstrafe sind die Akten dem Obersten Gericht auch dann vorzulegen, wenn niemand gegen das Urteil Berufung eingelegt hat. Der Vorsitzende des Obersten Gerichts gibt nach Anhörung des obersten Staatsanwalts ein Gutachten ab und läßt dieses mit den Akten dem Justizminister zur Vorlage an den Obersten Rat der Volksrepublik zukommen.

(5) Die Entscheidung über die Frage der Begnadigung wird in Gegenwart der Parteien und des Verteidigers vom Gericht, das in erster Instanz das Verfahren geführt hat, verkündet. Das Todesurteil ist an dem der Verkündung der die Begnadigung verweigernden Entscheidung nachfolgenden Tag zu vollstrecken.

(6) Einer schwangeren Frau oder einer geisteskranken Person die die Begnadigung verweigernde Entscheidung mitzuteilen und an ihr die Todesstrafe zu vollstrecken, ist vor ihrer Genesung verboten.

(7) Die Vollstreckung eines Urteils, das in Abwesenheit des Beschuldigten gemäß § 154 Abs. 4 ergangen ist, kann nur dann stattfinden, wenn in der Sache binnen dreißig Tagen, nachdem der Beschuldigte auf dem Landesgebiet gestellt worden ist bzw. sich gestellt hat, kein Antrag auf Wiederaufnahme des Verfahrens gestellt werden kann. Ist aber in dieser Frist der Wiederaufnahmeantrag gestellt, so kann die Todesstrafe vor der rechtskräftigen Erledigung des Wiederaufnahmeverfahrens nicht vollstreckt werden.

§ 241. (1) Für den Antritt der Freiheitsstrafe kann das erstinstanzliche Gericht aus einem schwerwiegenden Grund Aufschub gewähren. Ist der Verurteilte in der Berufungsverhandlung erschienen und hat er sein Gesuch um Aufschiebung auf der Stelle mündlich vorgetragen, so kann auch das zweitinstanzliche Gericht den Aufschub bewilligen.

(2) Die Unterbrechung der Freiheitsstrafe kann aus einem schwerwiegenden Grund vom Minister des Innern bewilligt werden.

(3) Das Gericht kann für die Zahlung der Geldstrafe Aufschub gewähren und eine den Verhältnissen des Verurteilten angemessene Ratenzahlung bewilligen.

(4) Über die in Abs. 1 und 3 bezeichneten Fragen entscheidet das Gericht in nichtöffentlicher Sitzung.

(5) Die eingehenden Vorschriften über den Aufschub der Freiheitsstrafe und der Geldstrafe sowie über den Maßstab bei der Bewilligung der Ratenzahlung erläßt der Justizminister in Übereinstimmung mit dem

obersten Staatsanwalt, diejenigen über die Unterbrechung der Freiheitsstrafe aber der Minister des Innern in Übereinstimmung mit dem Justizminister und dem obersten Staatsanwalt.

§ 241 A. (1) Das Gesuch um Einstellung des Strafverfahrens wird vom obersten Staatsanwalt dem Vorsitzendenrat der Volksrepublik vorgelegt.

(2) Das Gesuch um Erlaß der Strafe wird vom Justizminister dem Vorsitzendenrat der Volksrepublik vorgelegt. Den Erlaß der Strafe kann auch der oberste Staatsanwalt beim Vorsitzendenrat der Volksrepublik vorschlagen.

(3) Im Falle der Vorlage des in Abs. 2 genannten Gesuchs bzw. der auf die Begnadigung gerichteten Vorlage kann der Justizminister bzw. der oberste Staatsanwalt den Aufschub der Strafvollstreckung anordnen.

§ 242. Die Sicherungsverwahrung ist in einer zu diesem Zweck bestimmten Anstalt oder in dem zu diesem Zweck bestimmten abgesonderten Teil einer Gefangenen- bzw. Irrenanstalt zu vollstrecken. Die eingehenden Vorschriften über die Vollstreckung erläßt der Justizminister.

Kosten des Strafverfahrens

§ 243. (1) Strafverfahrenskosten sind alle diejenigen Kosten, die in der Sache von der Einleitung des Verfahrens bis zur Beendigung der Strafvollstreckung vom Staat vorgeschossen worden sind sowie die in der Sache erwachsenen Barauslagen des Privatklägers und des Beschuldigten, schließlich die Barauslagen und die Gebühr des Vertreters des Privatklägers und des Verteidigers.

(2) In der die Sache abschließenden Entscheidung ist darüber zu entscheiden, wer die Strafverfahrenskosten zu tragen hat bzw. welche Beteiligten und in welchem Verhältnis diese sie zu tragen haben.

§ 244. (1) Wird der Beschuldigte schuldig gesprochen, so verpflichtet ihn das Gericht zur Erstattung der Strafverfahrenskosten.

(2) War der Beschuldigte wegen mehrerer strafbarer Handlungen angeklagt und ist er nicht in allen schuldig gesprochen worden, so hat er nur die sich auf diejenigen strafbaren Handlungen beziehenden Kosten zu tragen, bezüglich derer seine Schuld festgestellt worden ist.

(3) Im Falle der Verurteilung mehrerer Beschuldigter wird vom Gericht entschieden, ob die Kosten als Gesamtschuld oder in dem festzusetzenden Verhältnis zu tragen sind.

§ 245. (1) Im Falle der Freisprechung des Beschuldigten oder der Einstellung des Verfahrens werden die Strafverfahrenskosten mit Ausnahme der Barauslagen des Beschuldigten sowie der Gebühr und der Barauslagen des Verteidigers vom Staat getragen. Hat aber das Gericht die Begehung der strafbaren Handlung durch den Beschuldigten festgestellt, jedoch trotzdem aber von der Feststellung der Schuld des Beschuldigten und der Zumessung einer Strafe absehend, ihn freigesprochen bzw. das Verfahren gegen ihn eingestellt, so kann das Gericht den Umständen entsprechend den Beschuldigten zur vollständigen oder teilweisen Erstattung der Strafverfahrenskosten verpflichten.

(2) Ist die Anklage vom Privatkläger vertreten worden, so ist er im Falle der Freisprechung des Beschuldigten oder der Einstellung des Verfahrens zur Erstattung der Strafverfahrenkosten mit der im zweiten Satz des Abs. 1 bezeichneten Beschränkung zu verpflichten. Unter mehreren Privatklägern wird das Verhältnis der Kostentragung vom Gericht festgesetzt.

§ 246. Hat das Gericht den von der Privatpartei geltend gemachten zivilrechtlichen Anspruch zugesprochen, so verpflichtet es den Beschuldigten zur Erstattung der Barauslagen der Privatpartei sowie der Barauslagen und der Gebühr des Vertreters der Privatpartei. Ist der Anspruch teilweise zugesprochen, so ist der Beschuldigte im entsprechenden Verhältnis zur Erstattung zu verpflichten. Außer in diesen Fällen hat die Privatpartei die erwähnten Kosten zu tragen.

XIV. Kapitel

Verschiedene Anordnungen

(§§ 247—248 außer Kraft gesetzt durch § 95 StPON)

§ 249. (1) Durch dieses Gesetz werden die Wirkungen der Exterritorialität und der persönlichen Befreiung von der Gerichtsbarkeit sowie die Verfahrensvorschriften, die mit der Exterritorialität und der persönlichen Gerichtsbarkeit zusammenhängen, nicht berührt.

(2) Auch das Immunitätsrecht der Abgeordneten des Landtags wird durch das Gesetz nicht berührt.

§ 250. (1) Wenn zur Verfolgung der strafbaren Handlung im Sinne des Strafgesetzes eine Ermächtigung oder ein Strafverlangen[1]) notwendig ist, so wird die Anklage stets durch den Staatsanwalt vertreten.

(2) Vor Erteilung der Ermächtigung oder des Vorliegens des Strafverlangens kann das Verfahren nicht über die Ermittlungen hinausgehen.

(3) Im übrigen ist der Mangel der Ermächtigung und des Strafverlangens in gleicher Weise zu berücksichtigen wie die Strafbarkeitsausschließungsgründe.

§ 251. Die auf Grund dieses Gesetzes verhängte Geldbuße kann im Falle der Uneinbringlichkeit nicht in Haft umgewandelt werden.

§ 252. In Verbindung mit der Zahlungsverpflichtung, die den einzuziehenden Wert ersetzt, sind die für die Einziehung geltenden Vorschriften anzuwenden[2]).

---

1) Nämlich einer ausländischen Regierung (Anm. des Übersetzers).

2) Einige Sondergesetze bzw. Verordnungen enthalten die Anordnung, daß, wenn die Einziehung eines Gegenstandes aus irgendeinem Grunde nicht vollstreckt werden kann, der Verurteilte bzw. derjenige, auf den das Eigentum des einzuziehenden Gegenstandes übergegangen ist, zur Bezahlung der dem Wert des einzuziehenden Gegenstandes entsprechenden Geldsumme verpflichtet werden kann. (In diesem Sinne z. B. Gesetzesartikel V vom Jahre 1936, gegen Weinfälschung § 55, Abs. 6, Regierungsverordnung 8800 vom Jahre 1946 über Preistreiberei §§ 14—16 usw.)

XIV. Kapitel

§ 253. Der Justizminister wird ermächtigt, die Bestimmungen über die in Jugendsachen tätigen Gerichte und das Strafverfahren gegen Jugendliche im Verordnungswege zu erlassen.

§ 254. Für das Inkrafttreten dieses Gesetzes und den Erlaß der nötigen Übergangsbestimmungen werden besondere Verfügungen getroffen.

Nachtrag

Gesetzeskräftige Verordnung Nr. 8 vom Jahre 1957 des Vorsitzendenrates der Volksrepublik über die Modifizierung einiger Strafverfahrensbestimmungen

Anordnungen, die die Zuständigkeit der Militärgerichte betreffen

§ 1. Anstelle des durch Gesetz Nr. V vom Jahre 1954 modifizierten und in einheitliche Fassung gebrachten Textes des § 23 B Abs. 1 des Gesetzes III vom Jahre 1951 (im Folgenden: StPO) tritt die folgende Anordnung:

Zur sachlichen Zuständigkeit des Militärgerichts gehört das Verfahren wegen irgendeinem Verbrechen, das von Mitgliedern der Landwehr, der Grenzwache, der Polizei und der amtlichen Luftschutzorganisation — während der Dauer ihres Dienstverhältnisses — begangen worden ist.

§ 2. (1) Zur sachlichen Zuständigkeit des Militärgerichts gehört auch irgendein Verbrechen, das von Personen, die im Rahmen der einheitlichen hoheitlichen Macht Waffendienst leisten — während der Dauer ihres Dienstverhältnisses —, begangen wird.

(2) Bei der Anwendung der militärischen Strafgesetze sind die im Rahmen der hoheitlichen Macht Waffendienst leistenden Personen den Soldaten gleichgestellt; die Geltung des Gesetzes LXII vom Jahre 1948*) sowie der dasselbe modifizierenden und ergänzenden Anordnungen erstreckt sich auch auf diejenigen Personen, die einen solchen Dienst leisten.

§ 3. Anstelle von § 98 Abs. III StPO tritt die folgende Anordnung:

(3) Die der Geltung des Militärstrafverfahrens unterstellten Personen (§ 23 Abs. I) können mit Ausnahme der Ergreifung auf frischer Tat, Flucht oder Fluchtgefahr nur von der militärischen Ermittlungsbehörde in Haft genommen werden.

§ 4. (1) In Sachen, die im Zeitpunkt des Inkrafttretens dieser gesetzeskräftigen Verordnung bei einem Militärgericht anhängig sind, ist das Verfahren unter Anwendung der früheren Rechtsvorschriften weiterzuführen und zu beenden, wenn der Militäranwalt vor dem Inkrafttreten dieser gesetzeskräftigen Verordnung bereits die Anklage erhoben hat.

(2) (Enthält Anordnungen über die Außerkraftsetzung von Anordnungen, durch die die StPO und die StPON nicht berührt werden.)

(3) Diese gesetzeskräftige Verordnung läßt die Geltung der gesetzeskräftigen Verordnung Nr. 23 vom Jahre 1956 über die Statarialgerichtsbarkeit sowie die gesetzeskräftige Verordnung Nr. 4 vom Jahre 1957 über das beschleunigte Strafverfahren unberührt.

Anordnungen, die die Verkehrsgerichte betreffen

§ 5. (1) Die Verkehrsgerichte und das Verkehrskollegium des Obersten Gerichts der Ungarischen Volksrepublik werden mit dem Inkrafttreten dieser gesetzeskräftigen Verordnung aufgehoben.

---

*) Gesetz über die militärische Strafgerichtsordnung.

(2) Gemäß der Anordnung des Abs. 1 sind unter dem Ausdruck „Sondergerichte“ die Militärgerichte zu verstehen.

§ 6. (1) (2) (Lassen die Bestimmungen der StPO und der StPON unberührt.)

(3) Anstelle des § 22 der StPO tritt die folgende Anordnung: Das Verfahren wegen Verbrechen, für deren Aburteilung nach §§ 23 und 23 B nicht die sachliche Zuständigkeit des Komitatsgerichts bzw. des Militärgerichts begründet ist, gehört zur sachlichen Zuständigkeit des Bezirksgerichts.

§ 7. (1) Die im Zeitpunkt des Inkrafttretens dieser gesetzeskräftigen Verordnung bei den Verkehrsgerichten anhängigen Sachen sind an das Gericht abzugeben, das nach den allgemeinen Vorschriften für die Aburteilung der Sache sachlich und örtlich zuständig ist. Das Verkehrskollegium des Obersten Gerichts tritt die bei ihm anhängigen Sachen dem Strafkollegium ab.

(2) Mit dem Inkrafttreten dieser gesetzeskräftigen Verordnung verlieren § 23 C und die gesetzeskräftige Verordnung Nr. 3 vom Jahre 1955 über die Erweiterung der sachlichen Zuständigkeit der Verkehrsgerichte ihre Geltung.

Anordnungen, die die prozessuale Vertretung betreffen

§ 8. (1) Anstelle des § 46 Abs. I StPO treten die folgenden Anordnungen:

(1) Im Verfahren sind zur Vertretung des Privatklägers, der Privatpartei und der an der Sache beteiligten übrigen Personen (§ 45 Abs. 2) die folgenden Personen befugt:

a) der bevollmächtigte Rechtsanwalt oder die bevollmächtigte Rechtsanwaltsarbeitsgemeinschaft,

b) der gesetzliche Vertreter,

c) kraft einer Vollmacht der in § 29 bezeichnete volljährige Angehörige,

d) der Rechtsberater (Rechtsreferent) eines Unternehmens, wenn eine besondere Rechtsvorschrift ihn oder das Unternehmen zur prozessualen Vertretung berechtigt.

(2) Ist im Verfahren der Privatkläger, die Privatpartei, der Verletzte oder ein anderer am Verfahren Beteiligter (§ 45 Abs. 2) ein Unternehmen (ein Amt, Betrieb usw.) bzw. eine Genossenschaft, so ist für deren Vertretung auch der Werktätige des Unternehmens (des Amtes, des Betriebes usw.) bzw. das zur Geschäftsführung der Genossenschaft befugte Mitglied als Verteidiger berechtigt,

(2) § 46 Abs. 2 der StPO ist als Abs. 3 zu bezeichnen.

§ 9. Anstelle des § 48 Abs. 2 tritt die folgende Anordnung:

(2) Verteidiger kann sein:

a) Der Bevollmächtigte oder vom Gericht bestellte Rechtsanwalt bzw. eine solche Rechtsanwaltsarbeitsgemeinschaft,

b) auf Grund einer Vollmacht der Rechtsberater (Rechtsreferent) in einer Sache, in der eine besondere Rechtsvorschrift ihn zum Auftreten als Verteidiger berechtigt.

c) beim Bezirksgericht der gesetzliche Vertreter oder auf Grund einer Vollmacht der in § 29 bezeichnete volljährige Angehörige, wenn die Handlung vom Gesetz nicht mit einer schwereren Strafe als fünf Jahre Kerker bedroht ist.

§ 10. Anstelle von § 50 Abs. 1 StPO tritt die folgende Anordnung:

(1) In Fällen, in denen die Bestellung eines Verteidigers notwendig ist, wird der Verteidiger aus der Reihe der Rechtsanwaltsarbeitsgemeinschaften bzw. aus der Reihe der zu diesem Zweck zusammengestellten Listen von Rechtsanwälten vom Vorsitzenden des erkennenden Senates bestellt. Der bestellte Verteidiger kann um seine Enthebung nur aus einem wichtigen Grund nachsuchen.

Anordnungen, die die Änderung einiger Fristen betreffen

§ 11. (1) Der Beschuldigte kann von der Polizei 72 Stunden in Haft gehalten werden. Der Beschuldigte kann über 72 Stunden nur auf Grund einer mit staatsanwaltschaftlicher Genehmigung angeordneten vorläufigen Festnahme in Haft behalten werden; in Ermangelung dessen ist der Beschuldigte auf freien Fuß zu setzen.

(2) Anstelle von § 195 Abs. 1 StPO tritt die folgende Anordnung:

(1) Das Gericht hat die Pflicht, jede Sache binnen 30 Tagen nach dem Eingang der Akten zu verhandeln.

Vorbereitung der Verhandlung im Falle einer Privatklage

§ 12. Anstelle von § 141 Abs. 1 StPO tritt die folgende Anordnung:

(1) Wird das der Anklage zugrundeliegende Verbrechen vom Gesetz mit einer Strafe bis zu zwei Jahren Kerker oder mit einer milderen Strafe bedroht, so beschließt der Vorsitzende des Senats nach Prüfung der in § 140 Abs. 2 genannten Fragen ohne vorbereitende Sitzung binnen acht Tagen.

§ 13. Die §§ 151—152 StPO werden außer Kraft gesetzt, und an ihre Stelle treten die folgenden Anordnungen:

§ 151. (1) Wird die Sache von einem Privatkläger vertreten, so sind die Anordnungen des § 130 Abs. 1—3 sowie der §§ 142—149 mit den folgenden Abweichungen bzw. Ergänzungen anzuwenden.

(2) Betrifft die Sache eine leichte Körperverletzung, eine Beleidigung oder eine Verleumdung und ist keine der in § 140 Abs. 1 bzw. Abs. 3 Ziff. c) genannten Verfügungen zu treffen, so lädt der Vorsitzende des Senats den Privatkläger und den Beschuldigten zur persönlichen Anhörung, um die Sache und die notwendigen Beweise eingehend aufzuklären. In der Ladung ist der Privatkläger darauf aufmerksam zu machen, daß sein unentschuldigtes Ausbleiben vom Gericht als Zurücknahme der Anklage angesehen wird.

(3) Bleibt der Privatkläger im Anhörungstermin aus und entschuldigt er sich nicht gehörig oder nimmt er während der Anhörung die Anklage zurück, so stellt der Vorsitzende des Senats das Verfahren ein (§ 145).

(4) Das dem Staatsanwalt nach § 149 Abs. 2 zustehende Rechtsmittel steht auch dem Privatkläger zu.

§ 152. (1) Kommt es nach der Anhörung nicht zur Einstellung des Verfahrens und ist auch sonst keine der in § 140 Abs. 1 bzw. Abs. 3 Ziff. c) genannten Verfügungen zu treffen, so setzt der Vorsitzende des Senats den Verhandlungstag fest (§ 146).

(2) Im Falle der Privatklage ist der Beschuldigte ohne Zustellung einer Anklageschrift, jedoch mit kurzem Hinweis auf den Namen des Anzeigers und den Tatbestand der angezeigten strafbaren Handlung zur Verhandlung zu laden.

(3) Der Privatkläger ist in der Ladung darauf aufmerksam zu machen, daß sein Ausbleiben in der Verhandlung die Zurücknahme der Anklage bedeutet.

§ 152 A. Wünscht der Staatsanwalt im Falle der bei ihm eingereichten Anzeige die Vertretung der Anklage nicht zu übernehmen, so übersendet er die Akten dem Gericht.

Anordnungen, die die Erledigung der Gesetzlichkeitsverwahrung betreffen

§ 14. Anstelle des § 226 Abs. 2—4 der StPO treten die folgenden Anordnungen:

(2) Über die Gesetzlichkeitsverwahrung entscheidet ein entsprechendes Kollegium des Obersten Gerichts, das aus drei Berufsrichtern besteht; richtet sich aber die Verwahrung gegen eine Entscheidung des Obersten Gerichts, so entscheidet der Vorsitzendenrat des Obersten Gerichts in öffentlicher Sitzung.

(3) Zur Sitzung ist der oberste Staatsanwalt zu laden, während die übrigen Beteiligten unter Mitteilung einer Abschrift der Verwahrung vom Sitzungstermin zu benachrichtigen sind. Die Sitzung kann ohne Teilnahme des obersten Staatsanwalts oder seines Vertreters nicht abgehalten werden.

(4) Die benachrichtigten Personen können zu der Verwahrung bis zum Sitzungstag Stellung nehmen und in der Sitzung das Wort ergreifen.

Anordnungen, die die Strafvollstreckung betreffen

§ 15. (Hier nicht von Belang.)

§ 16. Anstelle von § 239 Abs. 4 tritt die folgende Anordnung:

(4) Die Vollstreckung der rechtskräftig erkannten Strafen und die Beitreibung der dem Staat zukommenden Strafverfahrenskosten obliegt dem Gericht.

Inkrafttreten

§ 17. Diese gesetzeskräftige Verordnung tritt am 1. Februar 1957 in Kraft; die Vollstreckung obliegt dem Justizminister in Gemeinschaft mit dem obersten Staatsanwalt und dem Minister des Innern.

FSC
www.fsc.org
MIX
Papier | Fördert gute Waldnutzung
FSC® C083411

Kolibri 360 GmbH
Ferdinand-Jühlke-Straße 7
99095 Erfurt, Deutschland
produktsicherheit@kolibri360.de